Contents
目次

はじめに ……………………………………………………………………………… 2
1. ディスレクシアについて ………………………………………………………… 4
2. DAISYについて ………………………………………………………………… 14
3. 図書館でのDAISY図書の貸出について ……………………………………… 20
　■資料　図書館の障害者サービスにおける著作権法第37条第3項に
　　　　　基づく著作物の複製等に関するガイドライン
　■資料　「著作権法」第37条第3項
　■資料　「著作権法施行令」第2条
4. 図書館ができること ……………………………………………………………… 33
　■資料　「図書館利用における障害者差別の解消に関する宣言」
5. デイジー教科書とは ……………………………………………………………… 40
　■資料　「障害を理由とする差別の解消の推進に関する法律」の概要
　■資料　音声教材について
　■資料　「著作権法」第35条
6. デイジー教科書にはどんな機能が必要か ……………………………………… 48
7. 利用者の声 ………………………………………………………………………… 56
8. マルチメディアデイジー教科書を支えているボランティアについて ……… 62
　■資料　教科書バリアフリー法の概要
　■資料　著作権法第33条の2一部改正
9. コンテンツへのアクセスについて ……………………………………………… 69
おわりに ……………………………………………………………………………… 77
巻末資料 ……………………………………………………………………………… 79

執筆：はじめに，1～5，7，8，おわりに：牧野綾（まきの　あや）調布デイジー
　　　　6：牧尾麻邑（まきお　まゆ）　ATDO
　　　　9：桑野和行（くわの　かずゆき）　調布デイジー
　　イラスト：高井陽（たかい　よう）　新宿区立こども図書館

はじめに

　皆様はじめまして。調布デイジーの代表の牧野綾と申します。
　調布デイジーとは，読みに困難がある人のためにデイジー図書の製作と普及活動を目的として東京都調布市内で活動をしているボランティア団体です。
　普段はマルチメディアデイジー教科書の製作，講演活動などをしています。メンバーは現在 10 名。とても小さなボランティア団体です。

　東京・調布市には特定非営利活動法人支援技術開発機構（ATDO）という団体があります。普段は世界各国で活躍している ATDO が，地元への貢献のために，2008 年に調布で初めて DAISY 講習会を開催しました。
　そのときに参加していたメンバーが，製作の際に出る疑問点などを定期的に集まって話し合っていた会がもとになりつくられたのが調布デイジーです。
　講習会で学んだことを生かして，マルチメディアデイジー教科書の製作を始めました。

　結成当時には，「今，私たちボランティアが頑張れば，学校で読み書きについて困っている児童・生徒にいずれ国が対応してくれるようになる。だからもう少し頑張ろう!!」という志があり，モチベーションをあげていました。

　それから 10 年が経とうとしていますが，私たちボランティアは残念ながらまだマルチメディアデイジー教科書をつくり続けています。

　「読みたいのに読めない君へ」
　このタイトルは私の言葉ではありません。
　初めて調布デイジーの講演会を開催するときに，企画書のタイトルとして，その当時調布デイジーにいた調布市立図書館の K さんが書いてくれたものです。

はじめに

　これから私たちが始めようとしている活動を象徴してくれているような言葉で，とても素敵だと思いました。そこから，講演の機会をいただいたときには，できるだけタイトルとして「読みたいのに読めない君へ」を使うようにしています。

　私は公立図書館の図書館員であり，調布デイジーの代表であり，読み書きが苦手な子どもの母親です。すべての立場が角度は違えども，「本を読むこと」に関係しています。
　今回，それぞれの立場から「本を読むこと」を改めて考えさせていただくことができました。

　読みやすいブックレットにするために，フォントも通例の明朝体ではなく，視認性（目で見たときの認識のしやすさ）が高いUDフォントを使用しました。

「読みたいのに読めない君へ」
「読みたいのに読めない君へ手を差し伸べたいと思っている人へ」

　少しでもお役に立ちますように。

調布デイジー代表　牧野　綾

＜注意＞この本に記載している情報は特に断りがなければ2018年3月時点のものです。

1. ディスレクシアについて

　学習障害という状態をご存知でしょうか？ Learning Disabilities の訳で一般的には LD と呼ばれています。
　文部科学省は学習障害を以下のように定義しています。

> 　学習障害とは，基本的には全般的な知的発達に遅れはないが，聞く，話す，読む，書く，計算する又は推論する能力のうち特定のものの習得と使用に著しい困難を示す様々な状態を指すものである。
> 　学習障害は，その原因として，中枢神経系に何らかの機能障害があると推定されるが，視覚障害，聴覚障害，知的障害，情緒障害などの障害や，環境的な要因が直接の原因となるものではない。

文部科学省ホームページ　特別支援教育について
http://www.mext.go.jp/a_menu/shotou/tokubetu/004/008/001.htm
　主な発達障害の定義についてより一部引用
http://www.mext.go.jp/a_menu/shotou/tokubetu/004/008/001.htm

　ディスレクシアはこの中の「読む」「書く」に困難を示す状態のことをいいます。これは文字がまったく読んだり書いたりできないということではありません。読み書きがすらすらと正確にできないということです。また，人によってその困難さや度合いはさまざまです。
　正確にはディスレクシアは，読みの困難で，ディスグラフィアが書きの困難とされていますが，読みに困難があると書くことにも困難があることが多いため，「読み書き障害」のことをディスレクシアと総称することが多くなっています。

ディスレクシアの長女の事例

　私がディスレクシアについてお話させていただくようになったのは，自分の子育てがきっかけです。

1. ディスレクシアについて

　初めてディスレクシアと出会ったのは，現在高校生の長女が小学1年生のときでした。小学校に入学し，毎日宿題が出るようになってからです。ひらがなの練習と音読にとても時間がかかるのが初めて感じた違和感でした。

　入学前には「学校に行ってから勉強すればいいや」と，自分の名前を書くことと，1から10までの数の概念を教えるくらいしかしていませんでした。

　入学後，長女と宿題を二人三脚でやるうち，二つ年上の長男が1年生のときより時間がかかりすぎると感じた私は，長女に宿題に加え五十音表の書き取りも取り組ませました。五十音表を丸暗記すれば字を書くのも読むのも速くなるのでは，と考えたためです。

　練習を繰り返していくうちに五十音表はだいぶすらすら書けるようになってきましたし，音読も私が読んだ後に繰り返し読んでいくうちにスムーズに読めるようになってきました。それでも，似たひらがなどうしの使い分けや，小さい「っ」，「ゃ」などの使い方をちゃんと覚えることができませんでした。

　1学期も終わり，夏休みがやってきました。夏休みにあった個人面談で私は厳しい現実を知らされることになります。担任の先生に一通り挨拶を済ませ，本題に入っていわれたのが「牧野さんは字が読めません，書けません，10から1まで逆唱することもできません」でした。さらに「授業中によく居眠りをしてしまいます。睡眠はきちんととれていますか」といわれてしまいました。

　私は長男を20歳，長女を22歳で出産しました。学生結婚していたので，社会のことをよく知らないままに家庭をもち，子育てをしていました。子育て雑誌を読んだり，母に相談したりしながら育児を行っていたので，すべてにおいて自信がもてなかったのですが，そこに，（私から見たら）プロである先生に「このままじゃダメですよ」といわれたことで，根本を否定されたような気持ちになったことを覚えています。「睡眠は……8時には電気を消して9時までには寝るようにしています」というのが精いっぱいでした。そこからは何を話したかよく覚えていません。

　その後，教育委員会の教育相談所に相談に行き，WISC-Ⅲを受けることになりました。WISC-Ⅲとは子どもの知能検査の一種です。

　1週間ほどで検査の結果が出ました。意外なことに長女の知能検査の結果は

標準でした。そこだけ見ると問題はないようでしたが，細かく聞くと，平均を大きく上回っているところと下回っているところがあり，平均すると「結果的にIQは標準である」ということだとわかりました。

　検査結果を受けて，長女は通常の勉強のしかただと勉強がしにくいのではないかと思い始めます。そこで，ヒントを得ようとパソコンで「字が読めない／障害」と検索したところ，はじめて「ディスレクシア」という言葉に出会ったのです。読み進めていくと，長女に該当する事例がたくさん載っています。

　「この子はディスレクシアだったんだ！」とわかってから，ようやくどんな支援が必要か考えられるようになりました。

　支援の形は「読めるようになるには」から「読めなくても違う形で学校で必要なことができるためには」のほうへシフトしていきました。

① 　時間割に色シールを貼る

　従来は文字だけの時間割が見にくいため翌日の準備が難しく，教科書やノートの忘れ物が多かったので，国語は赤，算数は青のように，科目ごとに色を決めました。その色のシールを時間割のマスと教科書やノートなど，授業で使うものすべてに貼っていきます。時間割を見ながら，その日の色をすべてランドセルに入れると時間割が一人でできるようにしました。

② 　音読を視覚で読むのではなく，聴覚で読む

　音読は音を聞きながら読む方法に変えました。長女が小学1年生だった10年前にはすでにカセットテープはほとんど使われていませんでしたが，1年生の長女にICレコーダーの使い方は難しいのではないかと思い，カセットレコーダーを購入しました。まず，私が教科書の内容をカセットに録音し，それをカセットで聞きながら，内容の区切りのところで長女が自分で「ストップ」ボタンを押し，復唱します。復唱したら「再生」ボタンを押して，次の行を聞き復唱……という方法にしました。教科書のページをめくるところではカスタネットの「カチン」という音を入れ，その音が聞こえたら長女は教科書のページをめくり次のページへ進みます。音を聞きながら復唱し，音読を進めるやり方は

長女にとってもやりやすいようでした。

　これはのちにマルチメディアデイジー教科書へと移行していきました。マルチメディアデイジーについては「DAISY について」で後述します。

③　怒らない

　ディスレクシアだとわかってから，字の読み書きに関してはいっさい怒らないことにしました。

④　読み聞かせをする

　長女は自分で読むのは苦手でしたが，読み聞かせは大好きでした。
　字が読めないために本を嫌いにならないようにと思い，足しげく図書館に通いました。長女は読んでもらいたい本を，私は読んであげたい本を借りました。できるだけたくさん読み聞かせをした結果，ディスレクシアであっても，本に興味をもつことができるようになったのは，私たち親子の財産です。

⑤　作文などはキーボードを使って書く

　字を正確に再現して書こうとすると，そちらに頭を使わねばいけなくなり，結果的にきちんとした文章を書くことができなかったので，学校にポメラ（小型のワープロ）を持参し，キーボードを使い文章を書くことを許可してもらいました。今後，学生生活を終え社会に出るときにも，キーボードを使って文章を書けるようになることは欠かせないスキルになると思います。

　現在長女は「サピエ図書館」（視覚障害者をはじめ，目で文字を読むことが困難な方々に対して，さまざまな情報を点字，音声データなどで提供するオンライン図書館）から音声 DAISY（「DAISY について」14 ページ参照）をダウンロードして聴覚から物語を楽しんだり，漫画を読んだり，映画を見て視覚からも物語を楽しんでいます。
　私は言葉を知り，語彙を増やすことで，文章を読み取る力がつく，つまり本を楽しむことができるようになると思っています。

子どもが図鑑ばかり眺めて，物語を読まないことを心配する方もいらっしゃると思います。でも，障害があるなしにかかわらず，どんな人でも急に難しい本を読めるようにはなりません。また，図鑑を眺めることで頭の中で壮大な物語が繰り広げられているかもしれません。

　ディスレクシアで読み書きがすらすらできないことと，本が苦手なことはイコールではありません。強制ではない，いろいろな形での読書をしていくことで，結果的にたくさんのことばが頭の中にたまっていくことこそ，次の読書へとつながっていく大事な要素だと思います。

ディスレクシアの児童生徒の割合

　2012年に文部科学省が実施した「通常の学級に在籍する発達障害の可能性のある特別な教育的支援を必要とする児童生徒に関する調査」という全国実態調査において，小学校および中学校の通常の学級において，知的発達に遅れはないものの学習面で著しい困難を示す（学習障害だと思われる）と担任教師が回答した児童生徒の割合は，4.5％と報告されています。「読む」または「書く」に著しい困難を示す割合が2.4％です。ここから「ディスレクシアの児童生徒はクラスに1人くらいはいる」といわれています。

表1　知的発達に遅れはないものの学習面や行動面で著しい困難を示すと担任教師が回答した児童生徒の割合

学習面か行動面で著しい困難を示す	6.5％
学習面で著しい困難を示す	4.5％
行動面で著しい困難を示す	3.6％
学習面と行動面ともに著しい困難を示す	1.6％

※　「学習面で著しい困難を示す」とは，「聞く」「話す」「読む」「書く」「計算する」「推論する」の一つあるいは複数で著しい困難を示す場合を指し，一方，「行動面で著しい困難を示す」とは，「不注意」の問題，「多動性－衝動性」の問題，あるいは「対人関係やこだわり等」の一つか複数で著しく示す場合を指す。

表2　知的発達に遅れはないものの学習面や行動面の各領域で著しい困難を示すと担任教師が回答した児童生徒の割合

A：学習面で著しい困難を示す	4.5％
B：「不注意」又は「多動性－衝動性」の問題を著しく示す	3.1％
C：「対人関係やこだわり等」の問題を著しく示す	1.1％

表3　A・B・Cの関連

AかつB	1.5％	BかつC	0.7％
CかつA	0.5％	AかつBかつC	0.4％

表4　知的発達に遅れはないものの学習面，行動面の各領域で著しい困難を示すとされた児童生徒の割合

「聞く」又は「話す」に著しい困難を示す	1.7%
「読む」又は「書く」に著しい困難を示す	2.4%
「計算する」又は「推論する」に著しい困難を示す	2.3%
「不注意」の問題を著しく示す	2.7%
「多動性－衝動性」の問題を著しく示す	1.4%
「対人関係やこだわり等」の問題を著しく示す	1.1%

文部科学省ホームページ　「通常の学級に在籍する発達障害の可能性のある特別な教育的支援を必要とする児童生徒に関する調査結果について」の集計結果　より一部抜粋
http://www.mext.go.jp/a_menu/shotou/tokubetu/material/1328729.htm

読み書きについてのチェックリスト

　Learning Disabilities Screening Checklist：LDSC（エルディスク）という読み書きのチェックリストがあります。
国立特別支援教育総合研究所
F-107　学習障害の評価・判断手法の開発に関する研究　より
http://www.nise.go.jp/kenshuka/josa/kankobutsu/pub_f/F-107.html
　以下の「読む」，「書く」の項目はLDSCのチェック項目です。このチェック項目でディスレクシアを診断するものではありませんが，該当する項目が多い場合，教育相談所などで相談や発達検査などをしてみると，今後の勉強方法や支援などの参考になるかもしれません。

読む
1　平仮名や片仮名などの文字を読むことが難しい。
2　逐次読みである。
3　文字を抜かしたり，余計な文字を加えて読む。
　（例：「しかい」を「しか」，「せんせい」を「せんせいい」と読む。）

4 文字の順序を読み間違えたり，混同したりして読む。
 （例：「とおまわり」を「とおわまり」，「にぐるま」を「にじまる」と読む。）
5 促音や拗音などの特殊音節のある語を読み間違える。
 （例：「がっこう」を「がこう」，「せんしゅう」を「せんしょう」と読み間違える）
6 適切でない（意味の通らない）ところで区切って読む。
7 1字ずつ追わずにぱっと見てすぐに語の意味を捉えるのが難しい。
8 初めて出てきた語や，普段あまり使わない語を読み間違える。
9 文中の語句や行を抜かしたり，または繰り返して読む。
10 音読が遅い。
11 音読する際，似たような音をもつ語と混同する。
 （例：「りす」を「いす」と読み間違える。）
12 音読する際，形態的に似た文字を読み間違える。
 （例：「き」を「さ」，「入」を「人」と読み間違える。）
13 音読する際，助詞を読み間違える。
 （例：「わたしは」を「ワタシハ」（正しくは「ワ」と読むべき）と読み間違える。）
14 語尾を変えて読むことがある。
 （例：「いきました」を「いました」と読む。）
15 習った漢字が読めない。
16 形態的に似た漢字と読み間違える。
 （例：「石」を「みぎ」，「貝」を「みる」と読む。）
17 意味的に関連のある漢字と読み間違える。
 （例：「町」を「むら」，「入る」を「でる」と読む。）
18 漢字より，平仮名で表されている方が理解しにくい。
19 黙読が遅い。
20 音読はできても，内容を理解していないことがある。
21 文章の要点を正しく読み取ることが難しい。
22 特に物語文の読み取りが難しい。

書く

1　書くときの姿勢や，鉛筆等の用具の使い方がぎこちない。
2　読みにくい字を書く。
　（例：字の形や大きさが整っていない。まっすぐに書けない。）
3　書くのが遅い。
4　独特の筆順で書く。
5　鏡文字がある。
　（例：「く」を「＞」と書く。）
6　書けない平仮名や片仮名がある。
7　聴書すると書き間違える。
　（例：「おじいさん」と書くように言われたのに，「おじいせん」と書く。）
8　誤字や不必要な文字の付加がみられる。
　（例：「しかい」を「しか」，「せんせい」を「せんせいい」と書く。）
9　文字の順序が入れ替わったりする。
　（例：「やわらかい」を「やらわかい」と書く。）
10　促音や拗音などの特殊音節のある語を書き間違える。
　（例：「がっこう」を「がこう」，「せんしゅう」を「せんしょう」と書く。）
11　書けない漢字がある。
12　漢字を書く際，上下や左右が入れ替わる。
13　漢字の細かい部分を書き間違える。
14　意味的に関連のある漢字と書き誤る。
　（例：「町」と書こうとして「村」と書いたり，「入る」と書こうとして「出る」と書いたりする。）
15　文字を視写することが難しい。
　（例：黒板に書いてあることを写すのが難しい。）
16　文法的に不正確な（単）文を書く。
　（例：主語と述語が対応していない。順序がおかしい。）
17　文を書く際，語の脱落がみられる。
18　助詞を適切に使うことが難しい。

19　句読点が抜けたり，正しくうつことができない。
20　限られた量の文章しか書かない。
21　構造的に入り組んだ文章を書くことが難しい。
（例：順接や逆接といったさまざまな接続詞を適切に使うことが難しい。）
22　思いつくままに書き，筋道の通った文章を書くことが難しい。
（例：書いているうちに主題とずれてきてしまう。全体としてまとまりがない。）
23　事実の羅列のみで，内容的に乏しい。
（例：気持ちの表現がない。形容詞や副詞など，様子をくわしくする表現がない。）
24　決まったパターンの文章しか書かない。
（例：「私はきのう〜へ行きました。楽しかったです。」）

2. DAISY について

　DAISY とは，Digital Accessible Information SYstem の略で，日本では「アクセシブルな情報システム」と訳されるデジタル録音図書の国際標準規格です。
　紙による印刷物を読むことが困難な人のことをプリントディスアビリティといいます。
　具体的には視覚障害があり文字を見て読むことが困難な人，発達障害があり文字や内容を認識するのが困難な人，知的障害があり文章を理解するのが困難な人，上肢障害があり本がもてないあるいはページがうまくめくれない人などです。
　DAISY 図書とは，プリントディスアビリティの人々の読書を支援するためのデジタル録音図書です。

DAISY 図書の種類と特徴

① マルチメディア DAISY
　録音音声と文字の両方で読むことができます。
　読み上げている部分のテキストおよび画像がハイライトします。
　どこを読んでいるか，また，どう読んだらよいのかが聴覚および視覚から理解しやすく，読み書きに困難がある人の情報（読書）バリアフリーに有効です。
　私たち，調布デイジーが製作しているのもこのマルチメディア DAISY 図書およびマルチメディアデイジー教科書です。
（この本の中では，図書は「DAISY」，教科書については固有名詞である「デイジー教科書」と表記しています）

2. DAISY について

調布デイジー製作図書「狸と与太郎」再生画面

② 音声 DAISY

録音音声で読むことができます。

DAISY 図書はもともと視覚障害の方の読書のために開発されたもので，音声 DAISY 図書が他の DAISY 図書より早い時期から製作，利用されてきた経緯があります。そのため，DAISY 図書の中で最もタイトル数が多いです。

図書館の相互貸借で利用できるマルチメディア DAISY 図書が数千タイトルなのに対し，音声 DAISY 図書のタイトル数は 10 万弱にのぼります。

視覚障害の方だけではなく，ディスレクシアなど視覚からの読書が困難な方にも利用されています。

③ テキスト DAISY

テキストデータを再生機器の音声合成機能を使って読むことができます。音質や読み方は，音声合成機能に依存します。

DAISY 図書は，パソコンやタブレット，専用機器（プレスクトークなど）等で再生することができます。

特徴	マルチメディアDAISY	音声DAISY	テキストDAISY
読みたいページや，見出しに移動できる	○	○	○
正確な音声を入れられる	○	○	
読むスピードを変更できる	○	○	○
文字の大きさ，書体を変更できる	○		○
背景色，文字の色を変更できる	○		○
音声とハイライトした文字を，同期しながら読める	○		○

　再生のアプリについては「コンテンツへのアクセスについて」(69 ページ)を参考にしてください。

DAISY 図書の入手方法

　DAISY 図書を図書館で製作するのは，専門的な知識が必要になるため，かなり大変な作業です。まず，導入するにあたり，購入あるいは無償でのダウンロードができる団体名を以下に紹介します。

○公益財団法人　日本障害者リハビリテーション協会
　(マルチメディア DAISY)
　教科書および図書のダウンロードができます。マルチメディアデイジー教科書の窓口です。
　誰でも利用できるものと，プリントディスアビリティの方のみが利用できるものがあります。無償ダウンロードおよび CD での販売があります。

2. DAISY について

(公財) 日本障害者リハビリテーション協会　情報センター
　Tel：03-5273-0796　Fax：03-5273-0615
　E-Mail：daisy_c@dinf.ne.jp
　http://www.dinf.ne.jp/doc/daisy/index.html

○サピエ図書館
　（マルチメディア DAISY，音声 DAISY，テキスト DAISY）
　プリントディスアビリティの方が利用できるオンライン図書館です。サピエに加入している図書館などから DAISY 図書が相互貸借できるので，たくさんのタイトルが利用できます。
　サピエ図書館の図書を利用する方法は 2 通りあります。
　ひとつ目は，サピエ図書館の団体会員である公共図書館や点字図書館から，読みたい図書を借りる方法です。この場合，利用者は，図書館の利用登録をすれば無償で活用できます。図書館は，サピエ図書館の団体会員になる必要があり，年間利用料 40,000 円（2018 年 4 月現在）で，ダウンロードして利用者への貸出ができます。
　ふたつ目は，利用者自身がサピエ図書館の個人会員になる方法です。この場合，利用者自身がサピエ図書館から読みたい図書をダウンロードできます。また，オンラインで点字図書や録音図書の取り寄せをサピエ加盟図書館に依頼できます。個人会員になるためにはサピエの団体会員になっている図書館の利用登録が必要です。個人会員の登録料は無償です。
　サピエ図書館では，国立国会図書館で収集している公共図書館等が製作した DAISY も利用できます。

サピエ事務局
　Tel：06-6441-1078　Fax：06-6441-1066
　E-Mail：sapie-jimu@naiiv.net
　ご利用方法（施設，団体）
　https://www.sapie.or.jp/sapie_manual_shisetsu.shtml

ご利用方法（個人）
https://www.sapie.or.jp/sapie_manual_kojin.shtml

○国立国会図書館の視覚障害者等用データ送信サービス
（マルチメディア DAISY, 音声 DAISY, テキスト DAISY, 点字データ, プレーンテキスト）

サピエと同様，公共図書館から国立国会図書館の DAISY 図書が利用できる場合があります。個人利用の場合は，国立国会図書館の視覚障害者等用データ送信サービスの個人登録が必要です。

国立国会図書館関西館　図書館協力課　障害者図書館協力係
　Tel：0774-98-1458（直通）
　E-Mail：syo-tky@ndl.go.jp
　図書館等で提供する場合
　　視覚障害者等用データの収集および送信サービス
　　http://www.ndl.go.jp/jp/library/supportvisual/supportvisual-10.html
　個人の方が利用する場合
　　視覚障害者等用データ送信サービス
　　http://www.ndl.go.jp/jp/service/support_send.html

○日本ライトハウス情報センター電子書籍ユニット
　（マルチメディア DAISY）
　無償でダウンロードおよび販売があります。ダウンロードを利用するためには登録が必要です。
　Tel：06-6441-1035（直通　休館日を除く 10 時～ 16 時）
　E-Mail：daisy@iccb.jp
　http://www.lighthouse.or.jp/iccb/library/index_library/index_mmd/

JLA Booklet 既刊19冊 好評発売中！！

no.19	Live! 図書館員のおすすめする本 リマスター版 人はなぜ本を紹介するのか	図書館員が本を紹介することの意味、その仕事が出版の世界を越えて広く読者と出版へ届くことなど、これからの図書館を考えるために必読の書です。	ISBN 978-4-8204-2404-8
no.18	著作権80問 図書館員が知りたい	図書館Q&A。講演会等々、出版者・著作権者等々、サービス現場での実際に寄せられた質問を基に、著作権関係者直々に悩ましどころを思い切って合い抵抗なくまとめさせていただいた一冊。	ISBN 978-4-8204-2405-5
no.17	戦時下検閲と図書館の対応 戦争と図書館	第109回全国図書館大会分科会「太平洋戦争中の思想統制「戦争と図書館」」の講演3つを収録。当時の図書館受容のあり方を圧倒的な資料人材を有する図書館人の講演録を資料とともに考える一冊です。	ISBN 978-4-8204-2403-1
no.16	図書館のマンガを研究する	「海外図書館所蔵マンガ大規模総合調査」に基づく研究成果や、マンガという特有の形式メディアが持つ今後の課題など、まさに言及されるべき特有の課題を広く必要とする一冊。	ISBN 978-4-8204-2311-9
no.15	図書館員のための「やさしい日本語」	日本語を母語としない外国人の状況をよく知り、そのアクセスと利用を助ける大切な役割を果たす図書館員として、ツールの使い方を教えてくれる一冊。	ISBN 978-4-8204-2306-5
no.14	図書館等公衆送信サービスを始めるための著作権制度と実務	図書館等公衆送信サービスについて、「国民の知る権利」のあり方の現在を特定図書館の実施への意向などを踏まえ、「これからの図書館」としてのあり方を期待したい一冊です。	ISBN 978-4-8204-2306-5
no.13	図書館資料の保存と修理 その基本的な考え方と手法	日図協資料保存委員会が全国各地でのコツコツと積み上げてきたまとめとしての資料保存研修会講師陣務める真のパタンに著者の意義を確認できる実践的な好著。	ISBN 978-4-8204-2218-1
no.12	非正規雇用職員セミナー「図書館で働く女性非正規雇用職員」講演録	公共図書館で働く非正規雇用職員の問題を取り上げ、現状や課題に焦点を当てて、東京都立中央図書館で行われた講演会でのセミナーを収録。意見交換のあり方なども含め大きな一歩になる書。	ISBN 978-4-8204-2209-9
no.11	学校図書館とマンガ	「学校図書館にマンガを導入する意義」を高く評価され、訴えられてきた一冊。海外図書館蔵書にもコミックスや学校図書館でのマンガサービスの解説を加え、必要な章をぜひ学校図書館に。	ISBN 978-4-8204-2208-2
no.10	図書館の使命を問う 図書館法の原点から図書館振興を考える	塩見昇氏と山口源治郎氏との対談を記念講演の記録を収録。1202年図書館法制定70周年記念の第10回全国図書館大会における図書館法制定の略史と図版展示と一年表も併せて。	ISBN 978-4-8204-2206-8
no.9	現代日本図書館年表 1945-2020	1945年の太平洋戦争終結から2020年までの日本国内の図書館に関する年表。年表索引に関わる出来事を知り、動きを俯瞰・分析する役に立つ、将来に向けた図書館の成長構想にもつながる内容です。	ISBN 978-4-8204-2114-6

日本図書館協会 出版案内

JLA Booklet 既刊19冊 好評発売中！！

JLA Bookletは、図書館とその周辺領域にかかわる講演・セミナーの記録、話題のトピックの解説をハンディな形にまとめ、読みやすいブックレット形式にしたシリーズです。

図書館の実務に役立ち、さらに図書館をより深く理解する導入部にもなるものとして企画しています。

JLA Bookletをはじめ、協会出版物は、こちらからお買い求めいただけます。また、お近くの書店、大学生協等を通じてもご購入できます。

二次元バーコード

お問い合わせ先
公益社団法人
日本図書館協会　出版部販売係
〒104-0033
東京都中央区新川1-11-14
TEL：03-3523-0812（販売直通）
FAX：03-3523-0842　E-mail：hanbai@jla.or.jp

---

no.1　学校司書のいる図書館に いま、期待すること
木下通子著『読みたい心に火をつけろ！ジュニア新書』の出版記念トークセッション（岩波書店）の記録。読書のすすめ、大切さ、図書館関係者で未来について語り合った内容を収録。学校図書館

ISBN 978-4-8204-1711-8

no.2　読みたいのに読めない君へ 届けマルチメディアDAISY
2018年に大阪と東京で開催した、『図書館員のためのDAISY/マルチメディアDAISYブックレット』出版記念講演会の講演録。DAISY製作者、DAISY利用者、立場からそれぞれのDAISYをやさしくわかりやすく、また視認性を高めるためのUDフォントの認識の大切さを使用してみやすい読みやすさについての意見が高い一冊で収録。

ISBN 978-4-8204-1809-2

no.3　1979年改訂のころ 図書館の自由に関する宣言
2018年に改訂された『図書館の自由に関する宣言』当時の時代状況や現場の雰囲気など貴重な証言が直接関わった塩見昇氏から語られる一冊。

ISBN 978-4-8204-1810-8

no.4　「図書館政策セミナー 法的視点から見た図書館と指定管理者制度の諸問題」講演録
図書館長と指定管理者制度に関わる諸問題を法律専門家の法的視点から解説。指定管理者制度導入要件などを関わる管理者制度のメリットを明示し、全ての制度導入に疑問を提起した、法人にとって必読の書。

ISBN 978-4-8204-1812-2

no.5　図書館システムのデータ移行問題検討会報告書
新システムへのデータ移行におけるルール化を提案、2018年12月1日に出力データの現状管理状況と課題を収録。システム変更に伴うパスワードの学習会現状記録とシステム管理の現状と記録。

ISBN 978-4-8204-1905-1

no.6　水濡れから図書館資料を救おう！
事前対策「水濡れ」の厄介な大規模被害事例や貴重な情報源となる資料紹介。救出方法の重要性やダメージへの対応、陸前高田市立図書館の被災した人々に関わるとの事例も詳しく紹介する資料管理の一冊。

ISBN 978-4-8204-1907-5

no.7 「図書館政策セミナー 公立図書館の所管問題を考える」講演録
2019年3月開催の公立図書館の所管問題に自治体教育委員会・首長部局への所管移行に伴う、委託・指定管理者制度の図書館政策的視点から、社会教育施設の役割や懸念を考察する一冊。

ISBN 978-4-8204-2007-1

no.8　やってみよう資料保存
図書館の資料保存について、基本から学べる入門書。資料のカビや障害時の対策、資料の取り扱いや利用に対する方策、基本的な資料保存対策にも取り組むためあすから処するため必読できるこころ保存法などを図書分かりやすく解説。

ISBN 978-4-8204-2109-2

○伊藤忠記念財団　電子図書普及事業部
　（マルチメディア DAISY）
　児童書をマルチメディア DAISY 図書にしたものを「わいわい文庫」として全国の学校（特別支援教育），図書館，医療機関等の団体に限り，CD で無償提供しています（CD1 枚に複数タイトル収録）。誰でも利用できるものと，プリントディスアビリティの方のみが利用できるものがあります。
　Tel：03-3497-2652
　E-Mail：bf-book@itc-zaidan.or.jp
　http://www.itc-zaidan.or.jp/ebook.html

　調布デイジーのホームページ（https://www.chofu-daisy.org/）にも，誰でも利用できる DAISY 図書の無償ダウンロードがあります。申請など必要なく，ホームページから自由にダウンロードしていただけますので，マルチメディア DAISY を試してみたいときにお使いください。イラスト中心の絵本なので，就学前の子にもおすすめです。

※上記で紹介した入手方法は，誰でも利用できるものを除き，プリントディスアビリティ
　の方が対象です。

3. 図書館でのDAISY図書の貸出について

図書館で貸出できるDAISY図書には2種類あります。
1. 誰でも借りることのできるもの
著作権者の許諾を得ているので，障害の有無にかかわらず誰でも借りることができます。
2. プリントディスアビリティの人が借りることのできるもの
プリントディスアビリティの人を対象に，著作権法第37条第3項に基づいて製作されたものです。一般の利用者登録とは別の登録を行う必要があります。

図書館の障害者サービスについて

図書館の障害者サービスとは「障害者のためのサービス」ではありません。「図書館の利用に障害がある人へのサービス」のことをさします。プリントディスアビリティの人以外にも，心身の障害，病気，高齢などで来館が困難な場合にも障害者サービスの対象となります。

図書館の利用に障害がある人は誰でも使えるべきサービスなのに，障害者手帳の提示をしないと障害者サービスを使えないという決まりは，新たに図書館の利用に障害をつくり出すことになります。

例えば調布市立図書館の場合，著作権法第37条第3項に基づいて製作された資料を利用する場合は障害者サービス（ハンディキャップサービス）への登録が必要ですが，その際障害者手帳や診断書は必ずしも必要ではありません。（著作権法第37条第3項に基づく著作物の複製等に関するガイドラインを24ページに掲載しています。障害者サービスの利用登録確認項目リストもありますので参照してください。）

みなさんは近くの図書館で，こんなポスターを目にしたことはありませんか？　「図書館の自由に関する宣言」のポスターです。ここで明確に宣言して

いることに以下があります。

　　図書館は，基本的人権のひとつとして知る自由をもつ国民に，資料と施設を提供することを，もっとも重要な任務とする。

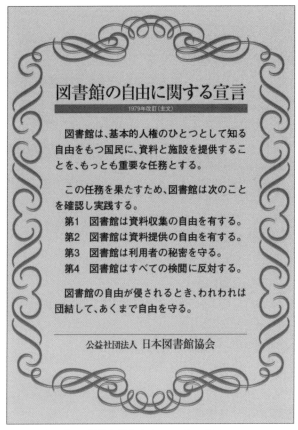

「図書館の自由に関する宣言」日本図書館協会ホームページより
http://www.jla.or.jp/portals/0/html/jiyu/sengen_hagaki.pdf

　誰でも使える図書館にするということを掲げている意味を，みなさんであらためて考える必要があるかもしれません。

著作権法第 37 条第 3 項について

　本来なら出版社がプリントディスアビリティの読者に対して，読める形での本の提供をすることが理想ですが，現実問題として，そのような形で本を出版しているところはごく少数です。

　図書館は，プリントディスアビリティの利用者に対して，DAISY 図書などを提供することができます（録音，拡大文字，テキストデータ，マルチメディア DAISY，布の絵本，触図・触地図，ピクトグラム，リライトなど）。

　図書館だけでなく，福祉に関係する事業を行うもので法令（「著作権法施行令」第 2 条）で定めるものは，製作，配信をしてよいことになっています。

著作権法第 37 条第 3 項において製作，配信を認められているもの

- 障害児入所施設および児童発達支援センター
- 大学図書館やそれに類する施設（学生支援センターなど）
- 国立国会図書館
- 視聴覚障害者情報提供施設
  （点字図書館，点字出版施設，聴覚障害者情報提供施設など）
- 公立図書館または私立図書館
  ※地方公共団体が設置している図書館を公立図書館，日本赤十字社または公益社団法人を含む一般社団法人，公益社団法人，もしくは公益財団法人を含む一般財団法人が設置する図書館を私立図書館といいます。
- 学校図書館
- 養護老人ホームや特別養護老人ホーム
- 障害者支援施設および障害福祉サービス事業を行う施設
- 文化庁長官が指定する団体
  （公益財団法人　日本障害者リハビリテーション協会，特定非営利活動法人支援技術開発機構（ATDO）など）

　公共図書館だけでなく，大学図書館や学校図書館も DAISY 図書の製作，配

信が認められています。

　学校図書館で，CD-ROMにコピーして，該当する児童・生徒に貸出をすることも可能です。ただし，すでに出版社などから同じ形式で製作，配信されていて，購入が可能な場合には製作することはできません。またそれ以外にも，子どものために親が製作するような個人利用の場合は，著作権者の許諾なしでの製作ができます。

（「著作権法」第37条第3項は30ページ，「著作権法施行令」第2条については31ページ参照）

調布市立図書館のハンディキャップサービス
　DAISY図書だけではなく，多様な読書方法を提供しています。

※2019年4月より「利用支援係」に変更になりました。

■資料　図書館の障害者サービスにおける著作権法第37条第3項に基づく著作物の複製等に関するガイドライン

2010年2月18日
国公私立大学図書館協力委員会
（社）全国学校図書館協議会
全国公共図書館協議会
専門図書館協議会
（社）日本図書館協会

(目的)

1　このガイドラインは，著作権法第37条第3項に規定される権利制限に基づいて，視覚障害者等に対して図書館サービスを実施しようとする図書館が，著作物の複製，譲渡，自動公衆送信を行う場合に，その取り扱いの指針を示すことを目的とする。

(経緯)

2　2009（平成21）年6月19日に公布された著作権法の一部を改正する法律（平成21年法律第53号）が，一部を除き2010（平成22）年1月1日から施行された。図書館が，法律改正の目的を達成し，法の的確な運用を行うためには，「図書館における著作物の利用に関する当事者協議会」を構成する標記図書館団体（以下「図書館団体」という。）は，ガイドラインの策定が必要であるとの意見でまとまった。そのため，図書館団体は，著作者の権利に留意しつつ図書館利用者の便宜を図るために，同協議会を構成する権利者団体（以下「権利者団体」という。）と協議を行い，権利者団体の理解の下にこのガイドラインを策定することとした。

(本ガイドラインの対象となる図書館)

3　このガイドラインにおいて，図書館とは，著作権法施行令第2条第1項各号に定める図書館をいう。

(資料を利用できる者)

4　著作権法第37条第3項により複製された資料（以下「視覚障害者等用資

料」という。）を利用できる「視覚障害者その他視覚による表現の認識に障害のある者」とは，別表１に例示する状態にあって，視覚著作物をそのままの方式では利用することが困難な者をいう。

5　前項に該当する者が，図書館において視覚障害者等用資料を利用しようとする場合は，一般の利用者登録とは別の登録を行う。その際，図書館は別表２「利用登録確認項目リスト」を用いて，前項に該当することについて確認する。当該図書館に登録を行っていない者に対しては，図書館は視覚障害者等用資料を利用に供さない。

（図書館が行う複製（等）の種類）

6　著作権法第 37 条第 3 項にいう「当該視覚障害者等が利用するために必要な方式」とは，次に掲げる方式等，視覚障害者等が利用しようとする当該視覚著作物にアクセスすることを保障する方式をいう。

　　録音，拡大文字，テキストデータ，マルチメディア DAISY，布の絵本，触図・触地図，ピクトグラム，リライト（録音に伴うもの，拡大に伴うもの），各種コード化（SP コードなど），映像資料のサウンドを映像の音声解説とともに録音すること等

（図書館間協力）

7　視覚障害者等のための複製（等）が重複することのむだを省くため，視覚障害者等用資料の図書館間の相互貸借は積極的に行われるものとする。また，それを円滑に行うための体制の整備を図る。

（複製の品質）

8　図書館は第 6 項に示す複製（等）の質の向上に努める。そのために図書館は担当者の研修を行い，技術水準の維持を確保する。図書館団体は，研修に関して積極的に支援する。

（市販される資料との関係）

9　著作権法第 37 条第 3 項ただし書に関して，図書館は次のように取り扱う。
　(1)　市販されるもので，次の a）～ d）に示すものは，著作権法第 37 条第 3 項ただし書に該当しないものとする。
　　　a）当該視覚著作物の一部分を提供するもの

b）録音資料において，朗読する者が演劇のように読んだり，個々の独特の表現方法で読んでいるもの
　　c）利用者の要求がDAISY形式の場合，それ以外の方式によるもの
　　d）インターネットのみでの販売などで，視覚障害者等が入手しにくい状態にあるもの（ただし，当面の間に限る。また，図書館が入手し障害者等に提供できるものはこの限りでない。）
(2) 図書館は，第6項に示す複製（等）を行おうとする方式と同様の方式による市販資料の存在を確認するため，別表3を参照する。当該方式によるオンデマンド出版もこれに含む。なお，個々の情報については，以下に例示するように具体的にどのような配慮がなされているかが示されていることを要件とする。
　　また，販売予定（販売日を示したもの）も同様に扱う。
　　（資料種別と具体的配慮内容）
　　　例：音声DAISY，マルチメディアDAISY（収録データ形式），大活字図書（字体とポイント数），テキストデータ，触ってわかる絵本，リライト
(3) 前記(2)の販売予定の場合，販売予告提示からその販売予定日が1か月以内までのものを「提供または提示された資料」として扱う。ただし，予定販売日を1か月超えても販売されていない場合は，図書館は第6項に示す複製（等）を開始することができる。
(4) 図書館が視覚障害者等用資料の複製（等）を開始した後に販売情報が出された場合であっても，図書館は引き続き当該複製（等）を継続し，かつ複製物の提供を行うことができる。ただし，自動公衆送信は中止する。

（ガイドラインの見直し）
10　本ガイドラインは，社会状況の変化等に応じて随時見直し，改訂を行う。その際は，「図書館における著作物の利用に関する当事者協議会」における検討を尊重する。

別表1

視覚障害	発達障害
聴覚障害	学習障害
肢体障害	いわゆる「寝たきり」の状態
精神障害	一過性の障害
知的障害	入院患者
内部障害	その他施設・団体が認めた障害

別表2

※ガイドラインに基づき，施設・団体職員が「視覚による表現の認識に障害のある者」を判断するための一助としてこのリストを作成する。以下の項目のいずれかに該当する場合は，施設・団体の情報提供サービスの利用者として登録ができる。（本人以外の家族等代理人によるものも含む）

利用登録確認項目リスト

チェック欄	確認事項
	身体障害者手帳の所持　[　　]級
	精神保健福祉手帳の所持　[　　]級
	療育手帳（愛の手帳）の所持　[　　]級
	医療機関・医療従事者からの証明書がある
	福祉窓口等から障害の状態を示す文書がある
	学校・教師から障害の状態を示す文書がある
	職場から障害の状態を示す文書がある
	学校における特別支援を受けているか受けていた
	福祉サービスを受けている
	ボランティアのサポートを受けている
	家族やヘルパーに文書類を読んでもらっている
	活字をそのままの大きさでは読めない
	活字を長時間集中して読むことができない
	目で読んでも内容が分からない，あるいは内容を記憶できない

	身体の病臥状態やまひ等により，資料を持ったりページをめくったりできない
	その他，原本をそのままの形では利用できない

（障害の種類）視覚，聴覚，平衡，音声，言語，咀嚼，上肢，下肢，体幹，運動 - 上肢，運動 - 移動，心臓，腎臓，呼吸器，膀胱，直腸，小腸，免疫

別表3
著作権法第37条第3項ただし書該当資料確認リスト
1．録音資料
(1) 様々な出版社の刊行物のオーディオ出版

出版社名	電話番号	HP	
(有)オフィス・コア（※1）		http://www2.odn.ne.jp/~aac32320/	カセットテープ・DAISY
(株)音訳サービスJ（※2）	045-540-1025	http://onyakuj.com/	カセットテープ・DAISY・一般CD
一輪堂（※3）			カセットテープ・DAISY・一般CD
(株)東京エーヴィセンター（※4）	03-3833-1705	https://www.tavc.co.jp/	カセットテープ・一般CD
ことのは出版株式会社（※5）		http://www.kotonoha.co.jp/audiocd/index.html	一般CD（図書館用パブリック版あり）
株式会社・横浜録音図書（※6）			カセットテープ・一般CD

※1　(有)オフィス・コア　2014年度で録音図書の製作を中止。現在販売中のDAISY図書001～520は，一部販売停止図書（詳細目録参照）を除き2017年度末（2018年3月）で販売終了。電話番号該当なし。
※2　(株)音訳サービスJ　新しいHPへ移行。ここでは新しいHPを記載。
※3　一輪堂　2018年3月時点でHP該当なし。
※4　(株)東京エーヴィセンター　カセットテープは2011年3月で販売終了
※5　ことのは出版株式会社　ことのは出版有限会社から社名変更
※6　株式会社・横浜録音図書　横浜録音図書はことのは出版にて取り扱い

3. 図書館での DAISY 図書の貸出について

(2) 自社出版物のオンデマンド DAISY 出版

問合せ先（委託製作）　テープ版読者会
03-3397-5705　e-mail:tapeban-dokusyakai@tea.ocn.ne.jp

（株）金曜日（※7）	03-3221-8521	http://www.kinyobi.co.jp/publish/onyaku.php
樹花舎（きのはなしゃ）（※8）		
合同出版株式会社（※9）	03-3294-3507	http://www.godo-shuppan.co.jp/user_data/l_onyakubanCD.php
（株）七つ森書館	03-3818-9311	http://www.pen.co.jp/
（株）影書房（※10）		http://www.kageshobo.com/
（株）すいれん舎（※11）	03-5259-6060	http://www.hanmoto.com/bd/suirensha
（有）創出版	03-3225-1413	http://www.tsukuru.co.jp/

※7　（株）金曜日　音訳版 CD 掲載場所変更
※8　樹花舎　HP 該当なし
※9　合同出版株式会社　電話番号修正・HP 追記
※10　影書房　新しい HP 掲載
※11　すいれん舎　版元ドットコム内 HP 掲載

2．大活字資料（オンデマンド含む）

特定非営利活動法人大活字文化普及協会（※12）	080-4071-9402	http://www.daikatsuji.co.jp/
（社福）埼玉福祉会	048-481-2181	http://www.saifuku.com/annai/
（有）読書工房	03-5988-9160	http://www.d-kobo.jp
（株）講談社（※13）	0120-298-956	http://www.bookpark.ne.jp/kodb

※12　特定非営利活動法人大活字文化普及協会　株式会社大活字から変更
　　　電話番号修正
※13　サイト閉鎖　大きな文字の青い鳥文庫は（有）読書工房にて取扱い

3．テキストデータ

（有）読書工房	03-5988-9160	http://www.d-kobo.jp/
バリアフリー資料リソースセンター（※14）		

※14　バリアフリー資料リソースセンター　HP 該当なし

「サピエ図書館」(http://library.sapie.or.jp) で，各種視覚障害者等用資料の出版物を検索できます。

日本図書館協会ホームページより引用　https://www.jla.or.jp/portals/0/html/20100218.html

※一部連絡先などを牧野が2018年3月時点のものに修正しています（該当なしは表から削除）。詳しくは注釈にて確認してください。
※著作権法の一部を改正する法律案が2019年1月に施行予定のため，今後ガイドラインが変更になる可能性があります。

■資料　「著作権法」第37条第3項

(視覚障害者等のための複製等)
第37条
3　視覚障害者その他視覚による表現の認識に障害のある者（以下この項及び第102条第4項において「視覚障害者等」という。）の福祉に関する事業を行う者で政令で定めるものは，公表された著作物であつて，視覚によりその表現が認識される方式（視覚及び他の知覚により認識される方式を含む。）により公衆に提供され，又は提示されているもの（当該著作物以外の著作物で，当該著作物において複製されているものその他当該著作物と一体として公衆に提供され，又は提示されているものを含む。以下この項及び同条第4項において「視覚著作物」という。）について，専ら視覚障害者等で当該方式によつては当該視覚著作物を利用することが困難な者の用に供するために必要と認められる限度において，当該視覚著作物に係る文字を音声にすることその他当該視覚障害者等が利用するために必要な方式により，複製し，又は自動公衆送信（送信可能化を含む。）を行うことができる。ただし，当該視覚著作物について，著作権者又はその許諾を得た者若しくは第七十九条の出版権の設定を受けた者により，当該方式による公衆への提供又は提示が行われている場合は，この限りでない。

3. 図書館での DAISY 図書の貸出について

■資料 「著作権法施行令」第 2 条

（視覚障害者等のための複製等が認められる者）

第 2 条　法第 37 条第 3 項（法第 86 条第 1 項及び第 102 条第 1 項において準用する場合を含む。）の政令で定める者は，次に掲げる者とする。

一　次に掲げる施設を設置して視覚障害者等のために情報を提供する事業を行う者（イ，ニ又はチに掲げる施設を設置する者にあつては国，地方公共団体又は一般社団法人等，ホに掲げる施設を設置する者にあつては地方公共団体，公益社団法人又は公益財団法人に限る。）

　イ　児童福祉法（昭和 22 年法律第 164 号）第 7 条第 1 項の障害児入所施設及び児童発達支援センター

　ロ　大学等の図書館及びこれに類する施設

　ハ　国立国会図書館

　ニ　身体障害者福祉法（昭和 24 年法律第 283 号）第 5 条第 1 項の視聴覚障害者情報提供施設

　ホ　図書館法第 2 条第 1 項の図書館（司書等が置かれているものに限る。）

　ヘ　学校図書館法（昭和 28 年法律第 185 号）第 2 条の学校図書館

　ト　老人福祉法（昭和 38 年法律第 133 号）第 5 条の 3 の養護老人ホーム及び特別養護老人ホーム

　チ　障害者の日常生活及び社会生活を総合的に支援するための法律（平成 17 年法律第 123 号）第 5 条第 11 項に規定する障害者支援施設及び同条第 1 項に規定する障害福祉サービス事業（同条第 7 項に規定する生活介護，同条第 12 項に規定する自立訓練，同条第 13 項に規定する就労移行支援又は同条第 14 項に規定する就労継続支援を行う事業に限る。）を行う施設

二　前号に掲げる者のほか，視覚障害者等のために情報を提供する事業を行う法人（法第 2 条第 6 項に規定する法人をいう。以下同じ。）のうち，視覚障害者等のための複製又は自動公衆送信（送信可能化を含む。）を的確かつ円滑に行うことができる技術的能力，経理的基礎その他の体制を有す

るものとして文化庁長官が指定するもの

4. 図書館ができること

　「図書館でのDAISY図書の貸出について」（20ページ）でマルチメディアDAISY図書の貸出について述べましたが，図書館にきたディスレクシアの人にどのような資料を提供したらよいのかという課題に焦点が当てられがちです。
　しかし，字を読むことが困難な当事者としては，図書館というところは積極的に足を運びたい場所ではありません。
　どのような資料を用意するかとともに，どうやったら来館してもらえるかを考える必要があります。

図書館の外でできること

① ブックスタートをきっかけに
　ブックスタート（すべての赤ちゃんに絵本と，絵本を開く体験をプレゼントする事業。プレゼントの内容は自治体によって異なります）を行っている自治体なら，お話し会のお知らせやおすすめ本のリストと一緒に，読み書き障害や，障害者サービスについての案内を入れておくとよいでしょう。
　※ブックスタートについてはこちらを参考にしてください。
　NPOブックスタートホームページ：http://www.bookstart.or.jp/

② 近隣の学校への働きかけ
　学校図書館は本が苦手な児童・生徒も行かなくてはいけない図書館です。先述しましたが，学校図書館でもDAISY図書などを製作，コピーして配布が可能です。一番読みに困難を抱えている子を発見しやすい場所なので，学校図書館との連携は欠かせません。以下の取り組みを検討しましょう。
・学校で児童・生徒向けに図書館の使い方のオリエンテーションをしてもらい，図書館を利用するきっかけをつくってもらう。
・図書の時間に，学校で読み書き障害について紹介する時間をとってもらう。

・障害のある方とのかかわりを学ぶ時期に，図書館の障害者サービスの紹介をしてもらう。

　それぞれの場面で多様な読書方法や発達障害にも触れておくと，自分自身で読みづらさに気づくきっかけになるかもしれません。

③　市報や図書館報での紹介

　市報をさまざまな場所に，配布用として置いている自治体が多いのではないでしょうか？　新しく市民になった人や，図書館を使ったことのない人にも障害者サービスを知ってもらえるので，定期的に紹介が必要です。

④　障害者週間（12月3日～9日）に自治体で行われるイベントへの参加

　障害者週間に福祉まつりなどのイベントが各地で開催されますが，図書館として参加することで，障害者サービスへのニーズを知ることができ，また，福祉にかかわる他団体との交流もできます。

⑤　社会福祉協議会と共同で開催するイベントなどを企画する

　調布デイジーは以前，図書館，社会福祉協会と共催で「DAISY図書を読んでみよう」というイベントを開催しました。普段図書館を使っていない人にも，再生機器の使い方や，図書館の利用方法を紹介するよい機会になりました。

⑥　教育相談所や，療育センターなどに図書館の案内を置いてもらう

　保護者が教育について悩んだときに訪れる場所に，図書館の障害者サービスについての案内を置いてもらうと，必要な児童・生徒に情報が届く確率がかなり上がるのではないでしょうか。保護者や当人の気持ちに寄り添った内容の案内を置くことが大切です。

　例として6つ挙げましたが，図書館独自の活動だけではなく，ほかの機関と連携して働きかけを行うことで，地域全体で子どもたちの成長を支える仕組みをつくっていくことが必要です。その際に使用する配布物も，既存の図書館

4. 図書館ができること

案内ではなく，わかりやすいものを用意し，図書館へ足を運びたくなるような工夫が必要です。

いろいろな図書館案内（調布市立図書館）

通常の図書館案内に加え，子ども用，近隣の学校への配布用，やさしい図書館案内などがあります。

※やさしい図書館案内（写真手前左）は調布市立図書館が協力し，専修大学文学部野口ゼミナールが製作，ハートフルブック運営委員会が発行したものです。

図書館の中でできること

① **カウンターなどでの配慮**
ア　利用登録について
　身分証明書を提示してもらい，申請用紙を記入して利用カードを発行する図書館が多いと思いますが，字の読み書きが苦手なところに，その場所で直接記

入しなければならないのはとてもプレッシャーになります。できれば事前に記入しておけるようにすると，カード発行の際のハードルが下がります。
・図書館のホームページに簡単に入力できる登録フォームを用意する
　事前に入力しておき，来館時に記入なしで発行できると便利です。
・ホームページから様式をダウンロードできるようにする
　その際，パソコンで記入してプリントアウトして持参できるようにしておくと使いやすいです。
・代筆をする

イ　読書補助具の活用
・リーディングトラッカーを置く
　リーディングトラッカーとは1行に集中して読めるよう，スリットが入った読書補助具です。「読むのが苦手な人のための」などと記載せず，老眼鏡や虫眼鏡などと同様に，「どなたでもお使いいただけます」という形で置いたほうが，気軽に手に取りやすいです。

② 　館内表示
・ピクトグラムを使い館内の表示をわかりやすくする
　ピクトグラムとは，注意や物事をわかりやすく伝える単純化されたイラストのことです。絵文字や絵単語とも呼ばれています。ピクトグラムを使って，書架表示や注意書きなどを文字が読めなくてもわかりやすく伝えることができます。
　日本では，2005年4月に，「コミュニケーション支援用絵記号デザイン原則」のJIS規格が制定され，ピクトグラムは，話し言葉や文字の代わりに使用できるコミュニケーション手段として導入されています。
　公益財団法人共用品推進機構のホームページから，約300種類のピクトグラムが無償でダウンロードできます。
　公益財団法人共用品推進機構ホームページ
　http://www.kyoyohin.org/ja/research/japan/jis_t0103.php

③ 読みやすい資料の用意

ア　やさしい図書館案内

　図書館の案内をピクトグラムや大きな字や写真を使い，LL ブック（下記ウ参照）にし，わかりやすくしたものです。

　欧文印刷株式会社のハートフルブックのホームページに，テンプレートとしてやさしい図書館案内が入っているので，そちらを使ってつくることもできます。

　　ハートフルブックホームページ　https://heartfulbook.jp/

イ　大活字本

　一般的な文庫の文字は 9 ～ 10 ポイント（1 文字約 3 ～ 3.5 ミリメートル角）程度ですが，大活字本は，12 ポイント（同 4.2 ミリメートル角）～ 22 ポイント（同 7.7 ミリメートル角）の大きさで版を組み直した本です。ディスレクシアの人だけでなく，弱視の人，高齢者などにも読みやすい本です。

ウ　LL ブック

　やさしくわかりやすい内容で書かれた本です。LL とは，スウェーデン語の Lättläst（やさしくてわかりやすい）の略です。子ども向けの本ではなく，生活年齢相応の内容を読みやすい内容で書かれた本のことをいいます。

④　ホームページの工夫

　図書館内での工夫として，使い慣れたものを活用してもらうという方法もあります。モバイル端末を使いこなすことで，日常生活の文字が読めない不便さを補っているディスレクシアの人はたくさんいます。

　図書館内の検索パソコンで文字の拡大ができない，印刷したレシートの文字が小さすぎるなどの理由で使いづらいという人もいます。図書館のホームページで本を検索したときに，目的の書架までたどり着きやすい仕様になっていると，利用者のモバイル端末をそのまま本の検索機として使用できます。

　ホームページ自体は見やすく，操作しやすく，理解しやすいものにすることが重要です。

⑤　職員の周知

　ディスレクシアの人は，一般の図書館サービスの範囲内で図書館を利用している場合が多いです。学齢期のディスレクシアの子が来ても，利用するのはまず児童サービスでしょう。

　実際に窓口に立つ職員が障害者サービスに対する意識が希薄であると，本来ならばサービスを提供するべき利用者にサービスが提供されない可能性が出てきます。定期的に研修を行うなど，職員全体に周知していただきたいです。

　図書館にできることは多様な読書方法を用意し，提供することです（「図書館利用における障害者差別の解消に関する宣言」を39ページに掲載）。利用者自身がその中から自分に合った方法を取捨選択し，快適に読書ができるようになれば，ディスレクシアでも通いたくなる図書館になるのではないでしょうか。

■資料 「図書館利用における障害者差別の解消に関する宣言」

2015年12月18日
公益社団法人日本図書館協会

　2016年4月1日に予定される「障害を理由とする差別の解消の推進に関する法律」(障害者差別解消法)の施行を控え,
・国際障害者年(1981年)の全国図書館大会(埼玉大会)全体会における「著作権問題の解決を求める決議」とその後の著作権法改正活動を含む図書館利用に障害がある人々へのサービス(障害者サービス)の発展を回顧し,
・障害者の権利に関する条約(障害者権利条約)が,その第21条で締約国に「障害者に対し,様々な種類の障害に相応した利用しやすい様式及び機器により,適時に,かつ,追加の費用を伴わず,一般公衆向けの情報を提供すること」を求めていることに特に留意するとともに,障害者との意思疎通に努め,
・全国のすべての図書館と図書館職員が,合理的配慮の提供と必要な環境整備とを通じて,図書館利用における障害者差別の解消に,利用者と手を携えて取り組むことを宣言する。

(この宣言は,2015年第101回全国図書館大会(東京大会)障害者サービス分科会に提案し参加者に承認されたものである。
　日本図書館協会ではこれを協会宣言として発表し,全国のあらゆる図書館及びその職員に対し,障害者権利条約でいう合理的配慮の提供と基礎的環境整備を行うことで,図書館利用における障害者差別の解消,つまりすべての人が利用できる図書館に図書館自らが変わるべきことを求める。)

日本図書館協会ホームページ　日本図書館協会の見解・意見・要望
図書館利用における障害者差別の解消に関する宣言より引用
http://www.jla.or.jp/demand/tabid/78/Default.aspx?itemid=2785

5. デイジー教科書とは

「DAISY について」(14 ページ)で紹介した，デジタル録音図書の国際標準規格に沿った教科書です。通常の教科書と同様のテキスト，画像を使用し，音声を聞きながらハイライトした箇所の文字を確認できます。

紙の教科書と同じページ数がつけられているため，「○～○ページを読んでくる」という宿題が出た場合でも紙の教科書と同様に対応できます。

紙の教科書に合わせて，横書きのものは横，縦書きのものは縦，ルビ(ふりがな)も教科書どおりのものが基本的な提供の基準(詳しくは「デイジー教科書にはどんな機能が必要か」参照)ですが，中にはすべての漢字にルビがついている全ルビの教科書を選べるデイジー教科書もあります。

デイジー教科書の申請のしかた

デイジー教科書を使用するには，公益財団法人日本障害者リハビリテーション協会(以下，リハ協)への申請が必要です。

通常の教科書では読むことが困難な児童・生徒は，診断書がなくてもデイジー教科書を利用することができます。申請は，保護者，担任，通級指導担当，校長，教育委員会，支援者，本人も行えます。また，児童生徒の障害の程度に応じて，在籍学年よりも下の学年の教科用特定図書等を利用することが必要な場合，在籍学年に限らず申請することができます。

申請フォームから申請ができます。このQR コードでデイジー教科書の申請のページに飛ぶことができます。 ⇨

詳しくはこちらを参照してください。
エンジョイ・デイジー　私らしい方法で読む，わかる！
http://www.dinf.ne.jp/doc/daisy/index.html

提供方法についてはサーバからダウンロードする方法と，CD で郵送してもらう方法との 2 種類があります。CD での郵送には生徒 1 人 1 教科につき 3,000 円かかります。サーバ経由での提供は無償です。

　サーバ経由でのデイジー教科書の提供は，著作権法第 37 条第 3 項の規定のもとで可能となっています。著作権法第 37 条第 3 項については 30 ページを参照してください。

　教科書の申請は年度ごとです。継続して使う場合にも翌年度は申請が必要になります。

教育委員会から一括で請求するメリット

　2016 年 4 月に障害者差別解消法（正式名称：障害を理由とする差別の解消の推進に関する法律　44 ページ参照）が施行されました。これにより，
① 障害を理由とする不当な差別的取り扱い禁止
② 合理的配慮の提供義務
が行政機関や地方公共団体，学校などに課せられました（国の行政機関・地方公共団体，公立学校等：①②ともに法的義務，私立学校を含む民間事業者：①法的義務，②については努力義務）。

　法の施行に伴い，現在少しずつ教育委員会からの一括申請が増えています。はじめてデイジー教科書を使用するとき，アプリのダウンロード方法や，操作方法などわからないことがあり，そこから利用できなかったという利用者も少なくありません。普段からパソコンを使い慣れていない利用者が一人で準備をするのは大変です。リハ協に問い合わせる前に，教育委員会が対応できると，自治体内で解決ができ，スムーズに使用することができます。

　また，教育委員会がサーバや機器の管理をしていることが多く，一括で対応できると，個々の教員や学校が対応に困らないので，先生や学校の手間の軽減ができます。

　教育委員会としても，

- 自分の自治体で音声教材（音声教材について　45ページ参照）が必要な生徒児童の把握ができる
- 教育相談所に相談しにきた保護者に案内することができる
- 申請時に学校や保護者の理解を得ることができず申請自体ができないという問題を回避できる（ただし年度末に利用報告が必要）

などのメリットがあります。

　2018年3月までに一括申請をした教育委員会は全部で45団体，そのうち公表可能な教育委員会は以下です。

　　北海道釧路市　栃木県大田原市　千葉県君津市　東京都文京区　東京都武蔵野市　神奈川県大和市　神奈川県南足柄市　長野県上田市　長野県佐久穂町　長野県小諸市　長野県飯田市　京都府京都市　京都府相楽郡精華町　京都府京田辺市　大阪府大阪市　大阪府貝塚市　島根県益田市　高知県高知市　佐賀県佐賀市　鹿児島県鹿児島市

学校での管理について

　ダウンロードした教科書データは，CD-ROMなどにコピーして使用することができます。

　デイジー教科書を使用する場合は，不特定多数の者が利用しないPCでの使用が原則です。パソコン室のPCなど不特定多数の者が利用するPCの場合は，パスワードの設定など，適切な管理を行うことで使用することができます。

　デイジー教科書を複製することができる者は，著作権法施行令で定める者に限られていて，学校図書館がそれにあたります。このため，基本的には，学校の先生等がデイジー教科書をCDなどの記録媒体にコピーする場合には，学校図書館の管理下で行う必要があります。

　デイジー教科書を必要とする児童・生徒に対し，授業内で使用方法などを教える目的で学校の先生等が利用する場合は，児童・生徒を特定できていなくても，学校や教育委員会で一括ダウンロードしてあるデイジー教科書を利用することができます。これは，合理的配慮を提供する義務に伴う内容の確認という

5. デイジー教科書とは

位置づけとなります（「著作権法」第35条　47ページ参照）。

　また，公立図書館，学校図書館，相談センター，研修会等，読み書きに障害のある児童・生徒向けにご紹介や普及促進のために，デイジー教科書のサンプルCDの貸出もしくはデータをダウンロードして利用できます。

　ご希望の方はリハ協へお問い合わせください。

　デイジー教科書のサンプルは，全国の教科書センターでもご覧いただけます。ご利用の際は事前確認の上，訪問するようにお願いします。

都道府県が設置する教科書センター一覧（2018年4月現在）

http://www.mext.go.jp/a_menu/shotou/kyoukasho/center.htm

■資料 「障害を理由とする差別の解消の推進に関する法律」（障害者差別解消法　平成25年法律第65号）の概要

障害者基本法第4条　基本原則　差別の禁止
第1項：障害を理由とする差別等の権利侵害行為の禁止
　　何人も，障害者に対して，障害を理由として，差別することその他の権利利益を侵害する行為をしてはならない。
第2項：社会的障壁の除去を怠ることによる権利侵害の防止
　　社会的障壁の除去は，それを必要としている障害者が現に存し，かつ，その実施に伴う負担が過重でないときは，それを怠ることによって前項の規定に違反することとならないよう，その実施について必要かつ合理的な配慮がされなければならない。
第3項：国による啓発・知識の普及を図るための取組
　　国は，第一項の規定に違反する行為の防止に関する啓発及び知識の普及を図るため，当該行為の防止を図るために必要となる情報の収集，整理及び提供を行うものとする。

具体化
Ⅰ．差別を解消するための措置
不当な差別的取扱いの禁止
　　国・地方公共団体等，事業者→法的義務
合理的配慮の提供
　　国・地方公共団体等→法的義務　事業者→努力義務
具体的な対応
(1)　政府全体の方針として，差別の解消の推進に関する基本方針を策定（閣議決定）
(2)　国・地方公共団体等→当該機関における取組に関する対応要領を策定（※地方の策定は努力義務）　事業者→主務大臣が事業分野別の対応指針（ガイドライン）を策定

実効性の確保
　●主務大臣による民間事業者に対する報告徴収，助言，指導，勧告

Ⅱ．差別を解消するための支援措置
相談・紛争解決
　●相談・紛争解決の体制整備→既存の相談・紛争解決の制度の活用，充実
地域における連携
　●障害者差別解消支援地域協議会における関係機関等の連携
啓発活動
　●普及・啓発活動の実施
情報収集等
　●国内外における差別及び差別の解消に向けた取組に関わる情報の収集，整理及び提供
　施行日：平成 28 年 4 月 1 日（施行後 3 年を目途に必要な見直し検討）

内閣府ホームページ　障害を理由とする差別の解消の推進
http://www8.cao.go.jp/shougai/suishin/sabekai.html#law
障害を理由とする差別の解消の推進に関する法律（障害者差別解消法　平成 25 年法律第 65 号）の概要より引用
 http://www8.cao.go.jp/shougai/suishin/txt/law_h25-65_gaiyo.txt

■資料　音声教材について

　音声教材とは，発達障害等により，通常の検定教科書では一般的に使用される文字や図形等を認識することが困難な児童生徒に向けた教材で，パソコンやタブレット等の端末を活用して学習する教材です。「障害のある児童及び生徒のための教科用特定図書等の普及の促進等に関する法律」(教科書バリアフリー法)に基づき，教科書発行者から提供を受けた教科書デジタルデータを活用し，ボランティア団体等が製作しています。文部科学省から委託を受けた以下の団体が調査研究を行い，音声教材を製作し，読み書きが困難な児童生徒に無償で

提供しています。

音声教材製作団体および教材の概要
公益財団法人日本障害者リハビリテーション協会（http://www.jsrpd.jp/）
○教材名：「マルチメディアデイジー教科書」
○主な特徴：音声，本文等テキスト，挿絵等の図版を含む。ハイライト機能あり。音声は肉声及び合成音声。視覚と聴覚から同時に情報が入り内容理解がしやすい。小・中学校の教科書を中心に作成。パソコンやタブレット端末にて利用可能。
○利用者実績：約 4,600 人（平成 28 年度）

東京大学先端科学技術研究センター（http://accessreading.org/about.html）
○教材名：「AccessReading」
○主な特徴：音声，本文等テキスト，挿絵等の図版を含む。ハイライト機能あり。音声は合成音声。視覚と聴覚から同時に情報が入り内容理解がしやすい。小・中・高校の教科書を対象。Word 版のものと EPUB 版の 2 種類を作成。パソコンやタブレット端末にて利用可能。
○利用者実績：約 564 人（平成 28 年度）

NPO 法人エッジ（http://www.npo-edge.jp/）
○教材名：「音声教材 BEAM」
○主な特徴：音声のみの教材（テキストや挿絵等の図版はなし）。音声は合成音声。小・中学校の国語・社会を中心に作成。スマートフォン，IC レコーダー等，mp3 ファイルが再生可能な機器で利用可能。データ容量が軽く，操作が簡便。
○利用者実績：約 192 人（平成 28 年度）

文部科学省ホームページ「音声教材」
http://www.mext.go.jp/a_menu/shotou/kyoukasho/1374019.htm

「音声教材の概要」PDF よりテキストを抽出し引用
http://www.mext.go.jp/a_menu/shotou/kyoukasho/__icsFiles/afieldfile/2017/06/30/1374019_1.pdf

■資料 「著作権法」第 35 条

(学校その他の教育機関における複製等)

第 35 条　学校その他の教育機関（営利を目的として設置されているものを除く。）において教育を担任する者及び授業を受ける者は，その授業の過程における使用に供することを目的とする場合には，必要と認められる限度において，公表された著作物を複製することができる。ただし，当該著作物の種類及び用途並びにその複製の部数及び態様に照らし著作権者の利益を不当に害することとなる場合は，この限りでない。

《改正》平 15 法 085

2　公表された著作物については，前項の教育機関における授業の過程において，当該授業を直接受ける者に対して当該著作物をその原作品若しくは複製物を提供し，若しくは提示して利用する場合又は当該著作物を第 38 条第 1 項の規定により上演し，演奏し，上映し，若しくは口述して利用する場合には，当該授業が行われる場所以外の場所において当該授業を同時に受ける者に対して公衆送信（自動公衆送信の場合にあつては，送信可能化を含む。）を行うことができる。ただし，当該著作物の種類及び用途並びに当該公衆送信の態様に照らし著作権者の利益を不当に害することとなる場合は，この限りでない。

6. デイジー教科書にはどんな機能が必要か

　2018年2月，デジタル教科書を正式な教科書に位置づける学校教育法改正案が閣議決定されました。2019年4月施行の見通しです。教育課程の一部においてデジタル教科書を通常の紙の教科書と併用して使用できるほか，視覚障害や発達障害などの児童生徒は全教育課程でデジタル教科書を使うことができるようにするものです。しかし，デジタル教科書といっても，さまざまな障害に対応できる仕様になっていないと意味がありません。そこで特定非営利活動法人支援技術開発機構（ATDO）にご協力いただき，以下にアクセシブルなデジタル教科書の条件として，マルチメディアデイジー教科書の機能要件を掲載します。

　デジタル図書の場合も同様ですので，どんな機能があると多様な障害に対応できるデジタル図書といえるのか，参考にしてください。

マルチメディアデイジー教科書利用者のニーズに対応する標準的な機能要件

　マルチメディアデイジー教科書の利用者は，スクリーンリーダー（画面読み上げソフト），スイッチによる操作，点字ディスプレイなど，多様な支援機器の活用により，読書をしています。

　マルチメディアデイジー教科書は多様な障害を対象とするため，どのツールでも利用でき，同一の再生状況を得られる（相互運用性。インターオペラビリティともいう）コンテンツを作成し，さまざまな利用者が自分のニーズに適した再生ツールを選んで読めることを前提としています。推奨される標準的なコンテンツと再生ツールの機能案件は以下のとおりです。

主な利用目的

　教科書を読んで内容を理解すること。

再生環境

　Windows（XP，Vista，7，8，10），iOS（iPad，iPod，iPhone），Android等のOSや，DAISY再生機等障害のある人が活用している機器での再生を想定します。再生環境は利用者が選択するため，どの環境でも同一の再生状況が得られるコンテンツが必要です。

データ形式

　テキストは，画像などにせず，テキストデータとします。合成音声で読み上げたり，点字ディスプレイで表示したり，図書内でテキスト検索をしたり，画面サイズに応じて文章を読みやすく表示させたり，読みやすい文字サイズでの表示を可能にするためです。

＜コンテンツの機能要件＞

　コンテンツはできる限りシンプルに作成し，再生ツールで利用者が自分にあったかたちで読めるようにします。主な機能要件は次のとおりです。詳細については，「マルチメディアデイジー教科書　製作マニュアル」を参照してください。入手方法については（公財）日本障害者リハビリテーション協会　情報センターにお問い合わせください。

国際標準規格への準拠

　電子書籍の国際標準[1]に準拠します。

リフロー

　テキストはリフロー可能なものとします。リフローとは，表示するデバイスの画面サイズや文字サイズの変更などに合わせて，一画面に表示される行数や1行あたりの文字数を動的に変えることです。リフローでない場合，文字を拡大した際に画面から文字がはみ出してしまい，読みにくくなります。

どのツールでも利用でき，同一の再生状況を得られる

　どのツールでも利用でき，同一の再生状況を得られるものとします。特定の再生アプリでしか再生できないものでは，多様な障害者のアクセシビリティは保証できないためです。

適切な階層構造の付加

・見出しの階層構造が的確にマークアップ（文章の構造を再生ツールが認識できるように，章や節などに目印をつけること）されていること。
・紙の教科書のページ位置に，ページのマークアップがあること。
・センテンス（文節）がマークアップされていること。センテンスの範囲は，小学校1年生では分かち書き，それ以外は基本的には句読点で，長すぎたり短すぎたりする場合は適宜調整します。
・構造化は，視覚障害者が音声だけで読む場合にも，容易に図書の全体像がつかめ，効率よくナビゲーションできるように配慮します。

センテンスごとに音声を同期

　小学校低学年の国語の教科書は肉声，それ以外は肉声またはTTS（合成音声）の音声を，センテンスごとに同期します。再生時には，センテンスを選択すると，音声を再生できるようにします。

ウェブアクセシビリティへの準拠

　文字サイズや配色，レイアウト等のデザインについては，ウェブアクセシビリティガイドライン[2]に準拠します。内容と，デザインは分離[3]して，デザインはスタイルシートに記述するのが原則です。
　利用者が自分の一番見えやすい文字サイズや色を指定したスタイルシートをもっている場合もあるので，コンテンツ製作時には，利用者が必要に応じて変更できるよう，できるかぎりシンプルにつくる必要があります。

文字サイズの拡大と縮小への対応

　文字サイズはコンテンツでは固定せず，再生ツールで拡大・縮小できるようにします。弱視者やディスレクシアの人は，文字を拡大しなければ読みにくい場合があります。人によっては，10倍まで拡大することもあります。文字サイズを拡大してもレイアウトがおかしくならないように，できるだけシンプルに作成します。

行間や文字間隔

　行間や文字間隔もコンテンツでは固定せず，再生ツールで利用者が読みやすいように変更できるようにしておきます。

背景・文字色の変更

　背景や文字の色もコンテンツでは指定せず，再生ツールで利用者が読みやすい色に変更できるようにしておきます。色の見え方にも個人差があり，弱視やディスレクシアの人は，背景と文字の色を反転したり，背景を淡い色にしなければ読みにくい場合があります。

電子化する箇所

　基本的には脚注や傍注を含め全内容を電子化します。国語の教科書の巻末の漢字一覧等は省いてもよいです。各教科により電子化する箇所は異なるので，詳細については，「マルチメディアデイジー教科書　製作マニュアル」を参照してください。

ルビ（ふりがな）

　教科書と同じ振り方が原則です。要望があればすべての漢字にルビを振ります（総ルビ）。

縦書きと横書き

　縦書きの本は縦書き，横書きの本は横書きにします。

画像

- 画像は，内容に即した箇所に，テキストの見やすさを損なわないように挿入します。
- 文字を拡大して読む場合に読みにくくなるため，画像の回り込み（文章の左や右に並べて配置すること）での挿入はできるだけ避けます。
- 画像の内容を説明する代替テキスト（alt）を HTML ファイルに入れます。
- 画像のキャプション（タイトルや出典などの説明文）は，基本的にはテキストデータで挿入しますが，画像とキャプションを 1 枚の画像として挿入した方が児童・生徒の内容理解に最適である場合は 1 枚の画像にすることもあります。画像とキャプションを，1 枚の画像として挿入する場合は，キャプションの読み上げ音声を画像に同期します。
- 画像内の文字は，内容理解に必要な部分を書き出します。どの部分を書き出すかは各教科により異なるので，詳細については，「マルチメディアデイジー教科書　製作マニュアル」を参照してください。

表

　表は画像にはせずに table タグで挿入します。一部のデイジー再生アプリでは，table タグを自動検知して表内を視覚障害者にわかるように音声で解説する機能があります。表を画像にしてしまうと，リフローでの文字の拡大や音声の同期ができません。

メタデータ（書誌情報）

　出版するフォーマットの規格で規定されている必須メタデータは，必ず入力します。主なものは，タイトル，著者名，原本出版社，出版日，ID（識別子），言語，デジタル版発行者，フォーマットなどです。

　また，EPUB では，アクセシビリティメタデータの入力が必須です。詳細については，以下の各規格を参照してください。

参考ページ

DAISY2.02 のデイジー教科書のメタデータ：
http://www.cypac.co.jp/help/vodi/4.0/ja/technical_information.html#metadata
EPUB のアクセシビリティメタデータ：
http://code.kzakza.com/2017/06/epub_discoverable_metadata/

＜再生アプリの機能要件＞
ナビゲーション
・見出しのリストから読みたい見出しを選択して移動できます。
・ページ（紙の教科書のページ位置）のリストから読みたいページを選択して移動できます。また，ページ番号を入力してページ検索で移動できます。
・センテンスごとに，前のセンテンスへの移動，次のセンテンスへの移動ができます。

センテンスのハイライト
　ディスレクシアや ADHD の児童・生徒は，読んでいる箇所がわからなくなる場合があるので，音声の読み上げと同時に，読み上げているセンテンスがわかるように該当箇所の背景色を変えて強調します。これをハイライトといいます。

再生スピードの変更
　読者が視覚障害者やディスレクシアの場合，音声の再生スピードを変更可能にする必要があります。視覚障害者の場合，目で読むのと同じスピードで音声で情報を得なければならないので，再生スピードを上げることがあります。3倍速くらいまでが一般的です。またディスレクシアの人の中には，文字を見ながらゆっくり内容を理解するために，再生スピードを下げる人もいます。逆にスピードを上げて音声で内容理解をする人もいます。

ショートカットキー
　視覚障害があるとマウスでの操作ができないので，ソフトを利用するために，すべての操作にショートカットキーが割り当てられています。

視覚障害者が一般的に使っているショートカットキーを使用可能にする必要があります。図書を開く際は Ctrl + O，再生停止はスペースバー，見出し移動は上下矢印，センテンス移動は左右矢印などです。

視覚障害者のスクリーンリーダーへの対応
すべての機能を音声のみで利用できるようにする必要があります。メニューなどの操作がスクリーンリーダーで容易にできるようにアプリを対応させる必要があります。

連続再生と再生再開箇所の記憶
再生ボタンを押すと，本の最後まで継続して再生ができます。読み上げたいセンテンスを選択すると，その位置から再生ができます。停止ボタンを押せば，一時停止した後に，再度再生ボタンを押すと同じ位置から再生できます。一度本や再生アプリを閉じても，同じ位置から再生ができます。

テキスト検索
テキスト検索ができます。また，テキスト検索をすると，検索先センテンスに移動して，再生開始できます。

ナビゲーションレベルの変更
全盲でも読みたい見出しを容易に開けるように，章・項・節のような見出しの階層で，見出し1，見出し2などのレベルごとに移動ができます。

しおり
センテンスに対してしおりを設定し，後でしおりリストから選択してすぐに読めます。

ハイライト位置の変更
ハイライト位置を，画面上部，中央，最下部でスクロールなど，選択できます。

以上のすべての機能要件を満たすものとして，現状では，DAISY2.02，DAISY3，または，EPUB3 の規格に準拠したコンテンツと再生アプリが挙げられます。

　DAISY や EPUB の規格にあったコンテンツであれば，DAISY や EPUB の規格にあった多様な再生ツールで利用できます。

　各規格は以下を参照してください。

・DAISY2.02: http://www.daisy.org/z3986/specifications/daisy_202.html
非公式日本語訳：http://www.kzakza.com/spec/daisy/202/20010228/daisy_202.html
・DAISY3: http://www.daisy.org/z3986/2005/Z3986-2005.html
・EPUB3: http://idpf.org/epub/301
非公式日本語訳：https://imagedrive.github.io/spec/index.xhtml

注
1）「電子書籍に関連する国際標準化団体は，ウェブ標準技術を策定する「W3C」，電子出版の標準化を進める「IDPF」及び国際標準化機関「ISO/IEC」がある。規格としては，W3C がウェブ標準技術 HTML を策定している。HTML5 はその最新バージョンである。IDPF が電子書籍のフォーマット EPUB を策定し，事実上の標準フォーマットとなっている。EPUB3 はその最新バージョンで，縦書きなどにも対応している。
　　W3C（World Wide Web Consortium）：WWW で利用される技術の標準化をすすめる団体。
　　IDPF（International Digital Publishing Forum）：米国の電子出版業界の標準化団体。
　　ISO（International Organization for Standardization，国際標準化機構）：電気・通信及び電子技術分野を除く全産業分野（鉱工業，農業，医薬品等）に関する国際規格の作成を行う国際標準化機関。
　　IEC（International Electrotechnical Commission，国際電気標準会議）：電気及び電子技術分野の国際規格の作成を行う国際標準化機関。」（文部科学省（2014）．学びのイノベーション実証研究報告書）
2）JIS X8341-3:2010（高齢者・障害者等配慮設計指針－情報通信における機器，ソフトウェアおよびサービス－第 3 部：ウェブコンテンツ））
3）「内容とデザインを分離するとは，例えば，Web ページは内容を HTML 言語で，デザインを CSS で分離して定義しているため，CSS を変更するだけで内容とは独立にデザインを容易に変更できる。内容とデザインを分離しているプレゼンテーションソフト等では，テーマを取り換えるだけで内容とは独立にデザインを変えることができるようになっている。」（文部科学省（2014）．学びのイノベーション実証研究報告書）

7. 利用者の声

　デイジー教科書を利用している児童・生徒は，読書を楽しむ以前に，学校で必要な教科書の内容理解の壁に直面しています。
　「ディスレクシアについて」（4 ページ）で長女の事例を紹介しましたが，デイジー教科書を利用している子どもをもつ保護者に，それぞれ事例を書いていただきました。

近見視力不良 A さんの場合

　小学校 3 年生の私の子は，1 学期に入り，急に目の不調を訴えるようになりました。入学前から遠視のメガネをかけていましたが，「物が 2 つに見える」「教科書の字が読めない」「フリガナがあるのもわからない」「自分の書く字も見えない」などを言いつづけ，虫メガネを持って登校するようになりました。
　自分が書く字が小さいことや写生画の色使いが平坦なことを学校で指摘され，先生方と本人の気持ちにすれ違いが生じたり，近くも遠くもよく見えないため席を一番前にしてもらったり，頭痛がするので午後には保健室でたびたび休むようになり，「人に迷惑をかける自分は悪い子どもか？」と言うようになりました。
　目の不調の原因を探すうちに，高橋ひとみ先生の『子どもの近見視力不良 黒板は見えても教科書がみえない子どもたち』（農山漁村文化協会，2008 年）という本に出会い，近見視力不良を疑いました。しかし眼科で近見視力検査は行われず，病院ごとに診断結果が違うため，個人・大学病院を 6 病院 9 科めぐり，脳や内科的な起因ではと心配もしました。
　ある眼科で近見視力検査をお願いしてつくったメガネが 2 週間後に合わなくなり，大学病院のロービジョン科を紹介されました。同時期に，別の大学病院で脳神経外科と眼科（ロービジョン専門ではない）の同日予約が取れたので，そちらに通院しました。その眼科の視能訓練士の方は私の子とよく話をし，私

たち親も医師と相談し，近見視力検査を 2 度受けた結果，「間欠性斜視による複視，調節機能不全（言わば子どもの老眼）による近見視力不良」とわかりました。新たにつくったプリズムメガネ（遠視性斜視用 2 本，うちフルネル膜あり 1 本）で，子どもいわく「初めて物が浮かんで見える」，つまり，立体視ができるようになりました。1 学期から 8 月末までの眼科・病院めぐりがようやく終わりました。

　1 学期，なんとか子どもを学校へ行かせましたが，見えるように教科書を拡大コピーして使わせようかと考えてもいました。夏休みに入る 7 月下旬，地域の図書館の障害者サービスへ夏休みの読書用の大きな活字の本を借りに行きました。職員の方に，私の子の様子と 2 学期から教科書を拡大コピーして使わせるつもりであることを伝えると，文部科学省のホームページにある拡大教科書無償給与のこと，障害のある児童および生徒のための「教科書用特定図書等」の無償給与実施要項のこと，マルチメディアデイジー教科書と拡大教科書のこと，そしてデイジー教科書の申請のやり方を教えてくださいました。また，障害者サービスの登録を申請し，マルチメディア DAISY 図書のサンプルを借りました。

　その時点で私の子の病名は不明で，かつ弱視ではないため，8 月末締め切りの拡大教科書の申請は難しいと判断し，自治体の教育委員会に対し，合理的配慮として私の子は小学校でデイジー教科書が利用できるかを確認しました。その際，パソコンは自前で用意すること，学校で充電しなくて済むような機種を買うこと，学校で壊れたとしても他人を責めないこと，デイジー教科書のデータは自分で日本障害者リハビリテーション協会からデータをダウンロードパソコンに導入することしてなどを伝え，数日後，使用許可の連絡が来ました。自治体を学ぶ社会科の副読本はマルチメディアデイジー化されていなかったため，地域のボランティア団体が独自に製作をしてくださることになりました。

　2 学期以降，私の子は充電を確認し，毎日 2kg 近いノート型パソコンをランドセルに入れて通学しています。この機種は，スマートフォンのように画面を触ることでデイジー教科書の字の拡大・縮小や調整が可能です。また 1 回の充電で 10 時間近く使えるので，教室でコンセントを使わずに済みます。

私の子の目の不調がきっかけで，わかったことがたくさんあります。それは，子どもたちの14％以上に近見視力不良があるといわれていること，できれば幼児期や小学低学年にそれに気づいて眼科を受診し，メガネやマルチメディアデイジーなどの適切な道具を早くから使うことで，視神経や視力を温存して読み書きができること，そしてそれらが子どもの自己肯定感を保ち，本来の学力を発揮できるということです。

　わが子をはじめ，見えずに困っている，ないしは見えていないことに気づいていない子どもたちが，読み，記録できる環境をつくるため，互いによくコミュニケーションを取り，人や物事をよく観察し，シンプルでわかりやすいルールをつくって運用し，状況にあわせて修正する仕組みが必要だと感じました。

　最後に，子と親の話をよく聴いて適切な診断・配慮・情報をくださった医師・視能訓練士，図書館・デイジー製作関係・学校関係の皆さまに心より感謝申し上げます。

ディスレクシアのB君の場合

　現在中学3年生の息子は，小さいときからおしゃべりで人懐っこく，買い物先で少し目を離すと，レジカウンターの中で店員さんと楽しそうに話し込ん

でいたりする要領のいい子でした。頭の回転も速かったので，学校ではどんな才能を発揮できるのかと楽しみにしていました。

　小学校に上がると，元気よく学校に通っていたものの，授業参観に行ってみると，家と違い落ち着きがない様子でした。先生が「プリントに書きましょう」と言っても，なぜかすぐに鉛筆を持たない，やっと鉛筆を持っても，鉛筆の芯をいじっていて書き始めない等，家での様子と違う息子を見て，なぜなのかわからず不安を感じました。

　他の子どもたちが学校生活に慣れたころ，学校から家に電話が頻繁にかかってくるようになりました。授業中に立ち歩く，他の教室への移動に間に合わない，図書の時間に借りる本を決めずに本棚の間をぐるぐる歩き続けている等，家での生活の様子からは思いもよらない指摘ばかりでした。日が経つごとに，息子の顔つきは次第に険しくなり，態度も投げやりになり，私の言うことも素直に聞けなくなってきました。市の教育相談を利用し，学校生活でできていないことをリストアップして，毎日帰りに先生とマルバツを付けることも取り組みましたが，改善は見られず，問題行動はどんどん増えました。

　2年生の3学期にWISC-Ⅲの検査を受けました。結果は全体で見ると知能は平均を上回っているが，処理速度という分野がかなり低く，分野による大きな能力のばらつきがあることがはっきりわかりました。このことが，学校での問題行動の原因になっていることが十分考えられると説明を受けました。

　検査の結果を受け，3年生より学校内の通級学級に週に4時間通い始めました。通常級での授業時間が減り，通級担任からのサポートを受けられるようになり，険しかった顔つきと問題行動はずいぶん改善されました。ただ，本人の苦手分野はあいかわらずで，学習プリント，漢字・計算ドリルなどを見るだけで顔が曇り，宿題を数週間〜数か月分ため込むことも何度もありました。4年生になったときに，通級担任にマルチメディアデイジー教科書のことを教えてもらい，iPadにデイジー教科書と課題図書のデータをダウンロードして環境を整えましたが，それまでの経験でつくり上げられた「本を読む苦痛」「勉強への強い拒否感」は払拭できませんでした。私は，「手書きができなければキーボードが打てればいい。読むのが苦手ならば音声で読み上げればいい」と考え

ていましたが，毎日学校で先生に「みんなと同じようにやりなさい！　できるように努力しなさい！」と怒られている息子は，みんなと違う方法でできたとしても，あまり意味がなかったようです。

　5年生の1学期に，言語聴覚士の先生に詳しい検査をしていただき，ディスレクシアの可能性が高いと報告を受けました。同席の先生に，話しでのやりとりはとてもスムーズにできるのに，文字を介したとたん行き詰まってしまう様子は，失語症の人を見ているようだ，と言われ，いかに文字に対する苦手の度合いが顕著なのかということを再確認しました。

　読みに対する困難がはっきりした後も，学校での指導は苦手部分を本人の努力で改善させる方針で，タブレットやマルチメディアDAISYを利用して勉強しやすい環境を整えることは行われませんでした。

　読み・書きにおいて文字を自分の思いどおりに操ることができないままで，勉強に対する拒否感がいっこうに改善しなかったため，通常授業でノートテイクの代替のために，個人のiPad持ち込みを学校にお願いしました。学校との交渉は難航し，持ち込み許可が出たのは5年の3学期でした。授業では黒板の撮影のみ許可され，手元のiPad画面を見ながらノートへの書き写しをしなければならない等，クラス担任と私の考えが合わず息子は板挟みになってしまったようです。また，高学年になり周囲と違うこともカベになったのか，iPadを積極的に勉強に取り入れることはできませんでした。

　中学校は入学前に校長先生と交渉し，定期テストの時間を通常の1.5倍に延長，勉強のためにiPadの持ち込み許可をいただいています。現在，テスト時間の延長のみ実施していますが，時間が1.5倍あっても問題を最後まで解けず，また，誤字や英語のスペルミスでも不正解になるため，きちんと理解できていても，成績には反映されません。中学2年になると，成績はオール2になりました。

　この成績でどんな高校に行けるのか？　頑張って受験勉強して高校に入ったとしても，息子に合った勉強ができるのか？　私は大変心配しました。

　中学2年の冬休みに，息子と進学先についての話し合いを持ちました。「私が課題をやって成績を上げるぐらいのことをしないと，高校受験で自分に合っ

た高校に入ることはできないと思う。課題や塾を増やして対策するのか，もしくは，受験勉強をやるつもりがないなら受験しないで，今年から留学するのか，そろそろ決めないと私が手伝うこともできなくなって手遅れになるよ。どうするの？」と，私は少々きつめに問い詰めました。

　しばらく考え込んだ後，息子はその場で，日本では高校受験せず留学するという選択をし，中学3年の9月からカナダに留学することになりました。

　現在留学に向け，塾などでの勉強はやめ，スカイプを使った英会話レッスンをしています。あれほど塾での勉強や宿題を拒否し続けてきたのに，英会話は毎日欠かさず続けることができ，改めて文字に頼らないで勉強することの意味について考えさせられています。

　カナダの学校でどんな配慮が必要なのかを検討するために，WISC-Ⅲの結果を教えてほしいと留学先から希望があったため，春休みに再度検査を受けました。検査の結果，全体のIQは107で，100人中下から68番目という数値でした。得意分野の言語理解指標はIQ127で100人中上から4番目，知覚推理とワーキングメモリーはIQ109と100でごく普通，問題の処理速度はIQ78，100人中ビリから7番目でした。乱暴な言い方ではありますが，全体の結果が下から68番目ならば，成績はオール4ぐらいが妥当ではないかと私は思うのですが，実際の息子の成績はオール2です。これは，全体の107でも，1番高い127でもなく，処理速度の78，ビリから7番目という部分のみが学校の成績に表れているからではないでしょうか？　テストや提出物を仕上げる能力がビリから7番目だとしても，デイジー教科書や，テスト問題をデイジーで読み上げにする・キーボードで解答するなどで，本来の能力を測ることができるはずです。せっかくWISC-Ⅲの検査をして苦手な分野がわかっているのに，その部分に手をさしのべないという学校の方針が，「日本で勉強を続けるよりも，家を出て留学した方がまし」と14歳の息子が思うほどの環境をつくり出しています。

　私ではなく学校の先生が，息子のディスレクシアに気づき，デイジー教科書などで勉強するように指導してくれたら，息子は親元を離れずに，本人に合った高校生活が送れたのではないでしょうか？

8. マルチメディアデイジー教科書を支えている
　　ボランティアについて

　マルチメディアデイジー教科書の製作は，ボランティアの集まりであるマルチメディアデイジー教科書製作団体が行っています。そしてこれらの団体は，日本障害者リハビリテーション協会（以下，リハ協）がとりまとめているデイジー教科書製作ネットワークを構成しています。

　2008 年の著作権法の改正までは，視覚障害者向けの複製しか認められていなかったために，学習障害者のデイジー教科書は，個人の生徒のための製作と提供しかできませんでした。つまり，A さんのために製作したデイジー教科書を B さんが必要としても提供することができませんでした。しかし 2008 年の 9 月に「障害のある児童及び生徒のための教科用特定図書等の普及の促進等に関する法律」（以下，教科書バリアフリー法）が施行され，著作権法第 33 条の 2 が一部改正，また 2010 年に著作権法第 37 条第 3 項が改正されたことで，製作したものを，視覚障害者だけでなく，学習障害者を含むプリントディスアビリティ対象であっても，リハ協が管理しているサーバ経由で共有できるようになりました。それ以降，リハ協が学校や保護者から製作が必要な教科書をヒアリングし，それらの製作を各団体で分担するようにもなり，任意の教科書はひとつの団体が作成すればよいようになりました。

　2008 年度にネットワークが発足したときに参加していた団体は，リハ協，デイジー江戸川，森田研究室，奈良デイジーの会，ひなぎく，こみこみドットコム，かかわり教室，日本ライトハウスの 8 団体でした。また，その年度にマルチメディアデイジー教科書を使用している児童・生徒は 76 名でした。

　そこから少しずつ製作団体が増えていき，調布デイジーも 2010 年度にネットワークに加入しました。

　2018 年 4 月時点のネットワークへの参加団体は以下の 23 団体です。

8. マルチメディアデイジー教科書を支えているボランティアについて

＜デイジー教科書製作協力団体＞
○あおもりDAISY研究会（青森県）
○所沢マルチメディアデイジー（埼玉県所沢市）
○埼北デジテック（埼玉県深谷市）
　赤十字語学奉仕団（東京都港区）
○社会福祉法人　日本点字図書館（東京都新宿区）
○朗読奉仕グループ「Qの会」（東京都港区）
○いちえ会（東京都目黒区）
　コムネット21（東京都大田区）
○世田谷マルチメディアDAISYの会（東京都世田谷区）
○森田研究室（東京都中野区）
○えどベリスの会（東京都江戸川区）
○特定非営利活動法人　支援技術開発機構（東京都調布市）
○調布デイジー（東京都調布市）
○特定非営利活動法人　やまゆり（神奈川県茅ヶ崎市）
○厚木デイジー（神奈川県厚木市）
○特定非営利活動法人　読み継ぐ書物のアクセシブル図書館（神奈川県大磯町）
○グループHIYOKO（長野県）
○特定非営利活動法人　デジタル編集協議会ひなぎく（愛知県）
○社会福祉法人日本ライトハウス情報文化センター（大阪府）
○特定非営利活動法人　こみこみドットコム（兵庫県）
○特定非営利活動法人　NaD（ナディー 旧奈良DAISYの会）（奈良県）
○広島国際大学マルチメディアDAISY研究会（広島県）
○特定非営利活動法人　サイエンス・アクセシビリティ・ネット（福岡県）
（※○の団体は巻末に問い合わせ窓口として連絡先を掲載しています）

　これだけの団体がマルチメディアデイジー教科書の製作に携わっています。2018年6月現在，これらの団体に所属するボランティアは全168名で，その内訳はほかに仕事をもっている人，仕事をリタイアした人，主婦などさまざまです。なお，利用する児童・生徒の数は2017年度末時点で8,093名にの

ぼります。

　年に数回，全国各地の団体が東京都新宿区のリハ協に集結し，会議を開きます。この会議では，その年度の教科書製作の進歩状況の確認，来年度の教科書の製作について，パソコンの動作環境による問題など，マルチメディアデイジー教科書全体にかかわることを共有します。

デイジー教科書製作ネットワーク会議の様子（2017年12月）

　リハ協までの交通費は，1団体1名分のみ，リハ協から支給されます。しかし，その場で意見を述べたり，仲間と相談したりするために，ほとんどの団体が2名以上の人数で参加します。2名目以降の交通費は団体か参加者個人が負担します。

　2017年12月に行われた会議で，各団体が教科書製作にどれだけ時間を割いているか調べて持ち寄りました。もちろん団体，教科，ページ数により合計時間はまちまちですが，平均すると1ページあたり2時間30分かかっていることがわかりました。

　調布デイジーが担当したことのある小学校6年生の理科の教科書で考えて

みると，182ページ×2時間30分で約455時間。1日8時間，月20日で，約3か月分となり，フルタイムのスタッフ1名が3か月かかりきりになる作業量となります。また，1団体が複数冊を担当することがほとんどです。

マルチメディアデイジー教科書の製作には専門的な知識を必要とします。その人材育成のための講師としての業務や経費，パソコンを使って製作するため機材の購入なども個人が負担しています。

ボランティア活動は10年を超え，新しいボランティアの参加も多くないため，製作するボランティアの高齢化も進んでおり，ボランティアの平均年齢が75歳の団体もあります。また，学習障害のある子どもの保護者が，仕事や育児の合間にボランティアで作業をしている場合もあります。

このように，マルチメディアデイジー教科書の提供は，ボランティアに大きな負担をかける状況下で行われています。

教育基本法の「教育の目的及び理念」に，教育の機会均等についてこう書かれています。

第4条　すべて国民は，ひとしく，その能力に応じた教育を受ける機会を与えられなければならず，人種，信条，性別，社会的身分，経済的地位又は門地によって，教育上差別されない。
2　国及び地方公共団体は，障害のある者が，その障害の状態に応じ，十分な教育を受けられるよう，教育上必要な支援を講じなければならない。
3　国及び地方公共団体は，能力があるにもかかわらず，経済的理由によって修学が困難な者に対して，奨学の措置を講じなければならない。

教育基本法に書いてあるとおり，無償で給与されている紙の教科書や拡大教科書を，みんなと同じように授業を理解するのが難しい児童・生徒に，読める形の教科書を提供するのは国と地方公共団体の役割です。

もともとこの教科書をマルチメディアデイジーにする活動は，国と地方公共団体が教育の機会を保障せず，困っている児童・生徒のために，ボランティア

が立ち上がったのがきっかけです。10年もボランティアで担い続けて，さらにこの先もボランティア頼りの不安定な製作状況のままでは，教育の機会を保障することにはなりません。

① デイジー教科書を現在の拡大教科書のように国の責任で無償給与すること
② 教科書発行者が拡大教科書のようにデイジー版発行の責を負うこと，コストは国費で負担すること
③ 教科書発行者がデイジー版を製作できない場合は，他の製作団体が国からの委託を受けて製作すること

以上3点が，私たちデイジー教科書製作ネットワーク参加団体の願いです 。

※ 2018年6月20日に，デイジー教科書製作ネットワークは，文部科学大臣にデイジー教科書の無償給与についての要望書を提出しました。要望書全文は下記ホームページにてご覧いただけます。
調布デイジーホームページ　https://www.chofu-daisy.org/

教科書バリアフリー法の概要，著作権法第33条の2一部改正については，この章の最後にまとめました。著作権第37条第3項については30ページを参考にしてください。

8. マルチメディアデイジー教科書を支えているボランティアについて

■資料　教科書バリアフリー法の概要

「障害のある児童及び生徒のための教科用特定図書等の普及の促進等に関する法律」について　（平成20年6月18日公布，同年9月17日施行）

① 教科書デジタルデータの提供（第5条関係）
○ 教科書デジタルデータの文部科学大臣等※への提供を教科書発行者に義務づけ
○ 提供されたデジタルデータは，ボランティア団体等教科用特定図書等※の作成者に提供

※「教科用特定図書等」：教科用拡大図書，教科用点字図書その他障害のある児童及び生徒の学習の用に供するため作成した教材であって検定教科用図書等に代えて使用し得るもの
※「文部科学大臣等」：文部科学大臣又は文部科学大臣が指定する者

② 標準的な規格の策定・公表（第6条関係）
○ 文部科学大臣は，教科用特定図書等について，標準規格を策定・公表
○ 教科書発行者は，標準規格に適合する教科用特定図書等を発行する努力義務を負う

③ 教科用特定図書等の無償給与（第10条～第16条関係）
○ 小中学校の通常学級における教科用特定図書等の無償給与について法定化
○ 標準教科用特定図書等の需要数報告について法定化

④ その他（附則第1条関係）
○ 平成21年度において使用される検定教科書及び教科用特定図書等から適用

文部科学省ホームページ　「障害のある児童及び生徒のための教科用特定図書等の普及の促進等に関する法律」（通称：教科書バリアフリー法）について

http://www.mext.go.jp/a_menu/shotou/kyoukasho/1378183.htm
「教科書バリアフリー法の概要」PDF よりテキストを抽出し引用　http://www.mext.go.jp/component/a_menu/education/detail/__icsFiles/afieldfile/2016/10/18/1378181_1.pdf

■資料　著作権法第33条の2 一部改正（2008年9月17日施行）

（教科用拡大図書等の作成のための複製等）
第33条の2　教科用図書に掲載された著作物は，視覚障害，発達障害その他の障害により教科用図書に掲載された著作物を使用することが困難な児童又は生徒の学習の用に供するため，当該教科用図書に用いられている文字，図形等の拡大その他の当該児童又は生徒が当該著作物を使用するために必要な方式により複製することができる。
2　前項の規定により複製する教科用の図書その他の複製物（点字により複製するものを除き，当該教科用図書に掲載された著作物の全部又は相当部分を複製するものに限る。以下この項において「教科用拡大図書等」という。）を作成しようとする者は，あらかじめ当該教科用図書を発行する者にその旨を通知するとともに，営利を目的として当該教科用拡大図書等を頒布する場合にあつては，前条第2項に規定する補償金の額に準じて文化庁長官が毎年定める額の補償金を当該著作物の著作権者に支払わなければならない。
3　文化庁長官は，前項の定めをしたときは，これを官報で告示する。
4　障害のある児童及び生徒のための教科用特定図書等の普及の促進等に関する法律（平成20年法律第81号）第5条第1項又は第2項の規定により教科用図書に掲載された著作物に係る電磁的記録（同法第2条第5項に規定する電磁的記録をいう。）の提供を行う者は，その提供のために必要と認められる限度において，当該著作物を利用することができる。

9. コンテンツへのアクセスについて

　ディスレクシアの人がコンテンツにアクセスするときには，その人の状況に応じた方法をとる必要があります。

　ここでいうコンテンツとは形のない情報のことです。例えば，物語やニュース，数学の公式，提出物のお知らせなど，幅広く該当します。

　図書館にあり利用者がアクセスしたいコンテンツは，図書や新聞，パンフレット，デジタルデバイスのアクセシビリティを考慮して作成されたファイルといった，形をもつ器に収められています。また，図書館の利用者は，このほかに学校で使う教科書や配布されるプリントなど，紙という器に収められたコンテンツにもアクセスすることがあります。

　この章では，コンテンツにアクセスする方法について，その器のかたち，すなわち印刷物かデジタルデータか，デジタルデータならその規格の観点から，以下の二つの場合に分けて述べます。

・アクセシビリティを考慮して作成されたデジタルデータのコンテンツ
・手許にある図書，プリント類など，通常の印刷物のコンテンツ

アクセシビリティを考慮して作成されたデジタルデータのコンテンツ

　このようなデジタルデータの規格として，アクセシブルなデジタル図書の国際標準規格 DAISY（Digital Accessible Information SYstem），電子書籍の規格として始まり，バージョンアップで DAISY のアクセシビリティ機能を備えた EPUB3 などがあります。EPUB3 の詳細については後述します。

　印刷物とは違い，デジタルデータは読者がアクセスする際に書体や文字の大きさ・色・背景色・行間・字間などのレイアウトを読者にとって読みやすいように変更することができます。また，文章を読み上げた音声を流し，読み上げられている箇所をハイライトして読者が追いやすくする機能や，読み上げる速度を調整できる機能もあります。

さらには，図書が備える便利な機能，例えば教科書の20ページから80ページに移るように，離れた場所に即座に移動できる機能も必要です。

デジタルデータの音声について
　音声はディスレクシアの人がコンテンツにアクセスする場合には不可欠です。提供形態として以下の二つがあります。
ア　あらかじめ作成してコンテンツのファイルに含めておく
イ　コンテンツのファイルに含めず，OSやアプリがもつ読み上げ機能を使う

ア　あらかじめ作成してコンテンツのファイルに含めておく
　メリットは，人の声と合成音声とを使い分けることができることや，合成音声でもコンテンツ作成時にイントネーションや読み方を指定でき，読み上げの品質管理ができるといったことです。
　デメリットはファイルサイズが大きくなることです。また，再生時ではなく，コンテンツ作成時の負荷が大きく，読者に届くまでに時間を要することがあります。

イ　コンテンツのファイルに含めず，OSやアプリがもつ読み上げ機能を使う
　メリットはファイルサイズが小さくできることです。また，コンテンツ作成の時間は短くて済みます。
　デメリットは，読み方が読み上げ機能任せになるため，イントネーションが不自然になったり，誤読する可能性が生じたりすることです。そのため，利用者が初学者や低年齢の場合には留意が必要です。合成音声のみであり，人の声を選ぶことはできません。

① マルチメディアDAISY
　デイジーコンソーシアム（http://www.daisy.org/）が策定した規格で，障害のある人を含む，さまざまな状況の人がアクセスしやすいことを第一義に考えられたものです。もちろん，読み上げ箇所のハイライトやレイアウトの変更に

対応しています。

　また，学校の授業では教科書の開く箇所をページで指定されることがごくふつうにあります。それに対応できるよう，冊子でのページ区切りの情報をもたせられるようになっています。

　調布デイジーのようなボランティア団体が公益財団法人日本障害者リハビリテーション協会と連携して，教科書のマルチメディア DAISY 化を進めていることについては，「マルチメディアデイジー教科書を支えているボランティアについて」（62 ページ）で述べているとおりです。

　次に代表的なアプリを挙げます。なお，これらのアプリの主な機能は以下のとおりです。
・見出し，センテンス，ページ等による読みたい箇所への移動
・再生速度の変更（早く・遅く）
・しおり機能（しおりをつけて，後でその箇所に戻れる）
・飛ばし読み機能（ページ，脚注，製作者注等）
・メニュー，ショートカット，アイコンでの操作
・読み上げている箇所のハイライト（音声と文字・画像の同期）
・テキスト検索と検索箇所からの再生
・文字の拡大と縮小（拡大しても画面に収まるリフロー）
・文字色，背景色などのカラーコントラストの変更
・合成音声（TTS）による読み上げ
　他に，特に学習障害者を対象にしたアプリでは，読みたいセンテンスをクリックやタップして再生できたり，センテンスどうしの間の長さを調整できたりする機能もあります。

・AMIS
(http://www.dinf.ne.jp/doc/daisy/software/amis3_1_4.html)
　　マルチメディア DAISY2.02 および 3 に対応しています。DAISY コンソーシアムが開発したもので，メニュー表示をさまざまな言語に変更できます。

アプリのウィンドウの左端に見出しまたはページがリストとして表示されます。画像のポップアップや，読み飛ばしに対応しています。Windows 版のみの提供です。

・ChattyBooks
(http://www.sciaccess.net/jp/ChattyBooks/)
　マルチメディア DAISY2.02 に対応しています。すべての漢字にルビを振ったデータをつくっておけば，アプリで利用者の学年を設定することにより，既修漢字のルビを非表示にできます。DAISY のデジタルデータに添付できる ChattyBookExpress があり，DAISY 教科書に添付されています。Windows 版のみの提供です。

・EasyReader
(http://atdo.website/2012/12/14/er-2/)
　DAISY2.02，DAISY3，EPUB のほかに，テキストや HTML にも対応しています。センテンスどうしの間の長さを調整できます。センテンスごとに一時停止することも可能です。DAISY のデジタルデータに添付できる EasyReader Express もあります。

・Voice of Daisy
(https://itunes.apple.com/jp/app/ボイス-オブ-デイジー/id335608379?mt=8)
(https://play.google.com/store/apps/details?id=jp.co.cypac.voda&hl=ja)
　マルチメディア DAISY2.02 に対応しています。音声再生では読み上げの速度のみでなく，センテンスどうしの間の設定もできます。iOS および Android4.4 以前で動作します。

・いーリーダー
(http://www.plextalk.com/jp/education/products/e-reader/)
　マルチメディア DAISY2.02，DAISY3，EPUB3 に対応しています。読み上

げとレイアウトの設定変更が容易にできます。iOSで動作します。

なお，ここに挙げた以外にもたくさんのアプリが提供されています。詳しくは，NPO法人支援技術開発機構（ATDO）のサイト（http://atdo.website/tools/）および全国視覚障害者情報提供施設協会（全視情協）のサイト（http://www.naiiv.net/material/?20160518）をご覧ください。

② EPUB3

EPUBとはElectronic PUBlicationという意味です。IDPF（http://idpf.org/）が策定した規格で，電子書籍のフォーマットとして世界中に広く普及しています。

EPUBはバージョン3からDAISY同様のアクセシビリティをもたせることができるようになりました。しかし，マルチメディアDAISYは成り立ちがアクセシビリティ対応のために利用者はさまざまなアクセス方法を選べるのに対し，EPUBは一般的な電子書籍の規格として開発されたものであるため，製作方法によってはアクセシブルでないものもあります。

なお，ここで取り上げたアプリは，すべて読み上げ箇所のハイライトとレイアウト変更に対応しています。

・Readium
(https://chrome.google.com/webstore/detail/readium/fepbnnnkkadjhjahcafoaglimekefifl?hl=ja)

Googleが提供しているWebブラウザChrome上で動作するアドインです。Windows・Mac双方のChrome上で動作します。IDPFが主導して作成した，EPUB3再生ソフトの代表的存在で，読み上げ箇所のハイライトが可能です。音声データが含まれていない場合, iOS, Mac OSでは「Voice Over」，Windowsでは「ナレーター」という，いずれもOSの機能で読み上げます。読ませたい箇所をユーザーが選択する必要があり，読み上げ箇所が自動的に移動するといった機能はありません。

・iBooks
(https://www.apple.com/jp/ibooks/)
　iOSとMac OSとで動作します。固定レイアウトの場合に限り，読み上げ箇所のハイライトが可能です。音声データが含まれていない場合，iOS，MacOSのVoice Overを使うことはでき，この場合はレイアウト変更にも対応しています。

・Edge
　Windows10に搭載されているWebブラウザです。EPUB3，ウェブサイトに加え，PDFを見ることができます。音声が含まれていないEPUB3データやウェブサイト，PDFを，読み上げ箇所をハイライトしながら合成音声で読ませることができるのが特徴です。「ナレーター」と異なり，文章部分の読み上げのみ行い，利用者の操作を知らせたりしません。

③　独自
　マルチメディアDAISYやEPUBと違い，特にアクセシビリティを考慮されていないものの，広く普及しているアプリに，アドインでアクセシビリティの機能追加をしているケースがあります。
　Windowsで動作するWordには，文書を合成音声で読み上げる「和太鼓」(http://www.geocities.jp/jalpsjp/wordaico/wordaico.html)と，同じく「WordTalker」(https://www.est.co.jp/epub/word)というアドインがあります。
　Word文書であれば合成音声に読み上げさせることができます。テキストファイルなどもWord文書に貼り付ければ読み上げが可能です。
　「和太鼓」は無償で入手できます。「WordTalker」は有償の製品ですが，試用版があります。「和太鼓」は「WordTalker」のベースになっていることもあり，両者の使い勝手はよく似ています。使用を検討する際には，まず「和太鼓」と「WordTalker」の試用版を比較することをお勧めします。

9. コンテンツへのアクセスについて

手許にある図書，プリント類など，通常の印刷物のコンテンツ

　一般的な印刷物はディスレクシアの人へのアクセシビリティを考慮して作成されたとは限りません。現時点ではむしろ，考慮されていないと考えるべきでしょう。そのため，読みたいときや読む必要があるときに，読めるかたちに換える，つまり，アクセスのニーズが生じた時点でアクセシブルな器に移し換える必要があります。
　iOS デバイスや Andoroid デバイスに，そのためのいくつかのアプリが用意されています。

・Google 翻訳
(https://itunes.apple.com/jp/app/google- 翻訳 /id414706506?mt=8)
(https://play.google.com/store/apps/details?id=com.google.android.apps.translate&hl=ja)
　iOS，Andoroid 双方に提供されています。本来は異言語間の翻訳のためのアプリですが，読み上げソフトとしても使用できます。
　デバイス内蔵のカメラで印刷物を撮影したものや，図書をスキャンしたような既存の画像データ中の文章を選択すると，それらを OCR 読み取りし，翻訳元のプレーンテキストとして表示します。そのテキストは読み上げることができます。なお，読み上げ箇所のハイライトはできません。
　iPhone, iPad 双方に対応しています。また，辞書をダウンロードしていれば，ネットワーク環境は不要です。

・タッチ＆リード
(http://iwalab.jp/research/touchandread/)
　iOS 版が提供されており，iPad のみに対応しています。Google 翻訳と同じように，画像データから読みたい箇所を選択します。アプリがその箇所を OCR 読み取りし，合成音声で読み上げます。読み上げ箇所のハイライトが可能です。ネットワークにつながっていなくても使用できます。

・i よむべえ

(http://www.amedia.co.jp/product/smartphone/app/iYomube/)
　iOS 版が提供されており，iPad，iPhone 双方に対応しています。「タッチ＆リード」と同様，撮影した画像を OCR 読み取りし，読み上げます。それに加え，看板や駅の案内表示など，カメラを向けたところにある文字をその場で読み上げることもできます。

・Office Lens

(https://itunes.apple.com/jp/app/office-lens/id975925059?mt=8)
　読み上げの機能までもつものとして iOS 版が提供されています。撮影した画像や既存の画像データをサーバにアップし，OCR 読み取りしてから読み上げます。読み上げ時に表示されるのは，Google 翻訳同様，撮影した画像ではなくプレーンテキストです。このプレーンテキストは文字サイズの変更はできますが，書体は明朝に固定されています。読み上げ箇所のハイライト機能はあります。撮影時，斜め方向から撮影して長方形になっていない対象物は，アプリが長方形に補正します。
　マイクロソフト社のユーザーアカウントと，ネットワーク環境が必要です。

おわりに
調布デイジーは10周年になります

　このブックレットの製作のお話をいただいたのは、ひとえに埼玉県立浦和第一女子高等学校の学校図書館司書、木下通子さんのおかげです。2017年の図書館総合展で日本図書館協会のブースにて、木下さんがこの「JLAブックレット」シリーズのno.1である『学校司書のいる図書館に、いま、期待すること』の販売をしていました。

　1歳の末っ子を連れてブースを回っていた私に声をかけてくれた木下さんが、日本図書館協会の皆さんに「この人、文章書けますよ」と売り込んでくださったのです。

　その場では「めっそうもありません！」といい、慌ててその場を離れたのですが、後日、本当に日本図書館協会からお話をいただき、出版の運びとなりました。

　調布デイジーが発足したのが2008年の10月。ちょうど10周年を迎えます。このようなタイミングで活動の足跡を形にさせていただく機会をいただけたこと、木下さん、日本図書館協会の皆様には感謝してもしきれません。

　私たちデイジー教科書のボランティアは、通常の教科書では内容理解が難しい児童・生徒のために教科書製作を続けてきました。しかし、それは決してよいことではなく、国や自治体が保証するべき教育の機会をボランティアが担っていたことにほかなりません。ディスレクシアという障害を、デイジー教科書自体を、また、製作をボランティアが担っていることを知らない人はまだまだたくさんいます。

　プリントディスアビリティの方が、地域の公立図書館に行き、通常の本の形態では読みづらいことを伝えて障害者サービスに登録しようとしたら「手帳がないと登録することができない」と断られてしまった、という相談も調布デイジーに寄せられたことがあります。

このようなことの一つ一つが，知らないことからこそ起こることなのではないかと思っています。
　「学校の図書館にディスレクシアのことを少しでも知っている学校司書さんがいたら」「担任の先生が少しでも知っていてくれたら」「保護者が子どもの困り感に気づいたら」「公共図書館で図書館員がスムーズに案内することができたら」
　たくさんの「知らない」が結果的に子どもから教育の機会を，好きな本を好きな形態で読む自由を奪っているかもしれません。
　大人たちが自分の畑だけではなく，他の畑にも目を向けること。情報を共有することがとても大事だと感じます。
　「JLAブックレット」シリーズのno.1でも繰り返し出ている「つながること」。調布デイジーもつながることを大事にし，これからも活動を続けていきたいと思います。
　最後になりましたが，適確な校正や，迅速な返信ならびに，アドバイスをくださった調布デイジーの皆様，イラストを半ば強制的に頼まれた新宿区立こども図書館の高井陽さん，取材にご協力くださった公益財団法人日本障害者リハビリテーション協会，特定非営利活動法人支援技術開発機構，調布市立図書館，日本図書館協会障害者サービス委員会，その他ご協力いただいた皆様，本当にありがとうございました。

調布デイジー代表　　牧野　綾

参考文献

- 「図書館等のためのわかりやすい資料提供ガイドライン」(2017)

    著者：図書館等のためのわかりやすい資料提供ガイドライン作成委員会編

    監修：日本図書館協会障害者サービス委員会

    出版社：日本障害者リハビリテーション協会

- 「読み書き障害のある子どもへのサポートQ&A」(2012)

    著者：河野俊寛

    出版社：読書工房

    ISBN:9784902666304

- 「1からわかる図書館の障害者サービス－誰もが使える図書館を目指して」(2015)

    著者：佐藤聖一

    出版社：学文社

    ISBN:9784762025211

- 「障害者サービスと著作権法」(JLA図書館実践シリーズ26)(2014)

    著者：日本図書館協会障害者サービス委員会，著作権委員会編

    出版社：日本図書館協会

    ISBN:9784820414094

- 別冊ブックスタートハンドブック「障がいのある方への対応を考えるために～視覚・聴覚の障がいを中心に～」(2016)

    編者：NPOブックスタート　監修：撹上久子

    出版社：NPOブックスタート

- 「発達障害を含めた様々な障害者が使えるデジタル図書『マルチメディアデイジー』を知っていますか？」(パンフレット)(2017)

    製作・著作：(公社)日本図書館協会障害者サービス委員会，(公財)日本障害者リハビリテーション協会

マルチメディアデイジー教科書問い合わせ窓口一覧

あおもり DAISY 研究会（青森県）
　青森県青森市合子沢山崎 153-4　青森公立大学
　Email：AomoriDaisy@km.nebuta.ac.jp　Tel：017-764-1684
　　担当者：神山　博

所沢マルチメディアデイジー（埼玉県所沢市）
　Email：m.daisy.tokorozawa@gmail.com

埼北デジテック（埼玉県深谷市）
　Email：saihoku.daisytech@gmail.com　Tel：080-9679-6891
　　担当者：大橋

社会福祉法人　日本点字図書館　電子書籍製作室（東京都新宿区）
　東京都新宿区高田馬場 1-23-4
　Email：ebook@nittento.or.jp　Tel：03-3209-3254（直通）

朗読奉仕グループ「Q の会」（東京都港区）
　Email：Qmikojima @ hotmail.com

いちえ会（東京都目黒区）
　東京都目黒区駒場 1-28-1-203
　Email：daisy-ichiekai@ichiekai.net

世田谷マルチメディア DAISY の会（東京都世田谷区）
　Email：setamarudaisy@gmail.com
　　担当者：板橋　友紀子

森田研究室（東京都中野区）
　Email：khc05012@nifty.com
　　担当者：森田　信一

えどベリスの会（東京都江戸川区）
　Email：sugisumi.sansan3131@gmail.com
　　担当者：杉中　純子

特定非営利活動法人　支援技術開発機構（東京都調布市）

　東京都調布市若葉町 1-1-61-101

　Email：info@atdo.jp

調布デイジー（東京都調布市）

　Email：chofudaisy@gmail.com

特定非営利活動法人　やまゆり（神奈川県茅ヶ崎市）

　神奈川県茅ヶ崎市小和田 2-9-17　エクセル湘南 A201

　Email：yamayuri1206s@jcom.home.ne.jp　Tel：090-2176-0983

　担当者：芳谷　鼎

厚木デイジー（神奈川県厚木市）

　神奈川県厚木市森の里 2-1-4-201

　Email：atsugidaisy@gmail.com

　担当者：沼田　元

特定非営利活動法人　読み継ぐ書物のアクセシブル図書館（accessLib）（神奈川県）

　神奈川県中郡大磯町東小磯 303 － 8

　Email：kyoukasyo @ accesslib.org　Tel：0463-45-0539

　担当者：沖田　克夫

特定非営利活動法人　グループ HIYOKO（長野県）

　E-mail：hiyoko@ghiyoko.net

　担当者：上沢　佳世

特定非営利活動法人　デジタル編集協議会ひなぎく（愛知県）

　愛知県名古屋市中区丸の内 3-21-21　丸の内東桜ビル 402 号

　Email：hinagiku.daisy2013@gmail.com　Tel：052-953-3250

　担当者：中村　芬

社会福祉法人　日本ライトハウス情報文化センター（大阪府）

　大阪府大阪市西区江戸堀 1-13-2

　Email：daisy@iccb.jp　Tel：06-6441-1035

　相談受付時間：火〜金曜日　10 時〜 16 時

特定非営利活動法人　こみこみドットコム（兵庫県）

　　Email：tomie-g@xk9.so-net.ne.jp　　Tel：078-351-0102

　　担当者：後藤　冨枝

特定非営利活動法人　NaD（ナディー　旧奈良 DAISY の会）（奈良県）

　　Email：naradaisy@gsk.org

　　対面での相談も受け付けます。

　　時間：毎月第四土曜日の 13 時 30 分〜 15 時

　　場所：日本ライトハウス情報文化センター 4 階会議室
　　　　　大阪市営地下鉄四つ橋線肥後橋駅 2 番出口からすぐ
　　　　　（場合により会場を変更することがあります。事前に事務局 naradaisy@gsk.
　　　　　org までお問い合わせください。）

広島国際大学マルチメディア DAISY 研究会（広島県）

　　広島県東広島市黒瀬学園台 555-36　広島国際大学

　　Email：k-ishiha@he.hirokoku-u.ac.jp

　　担当者：石原　恵子

特定非営利活動法人　サイエンス・アクセシビリティ・ネット（福岡県）

　　福岡県福岡市早良区百道浜 3-4-11-103

　　Email：office@mail.sciaccess.net　　Tel：092-821-7344

　　担当者：鈴木　福江

調布デイジー

ホームページ　https://www.chofu-daisy.org/

　読みに困難がある人のためにデイジー図書の製作と普及活動を目的として，東京都調布市内で活動をしているボランティア団体です。
　会員賛助会員ともに随時募集中。
■会員について
　調布デイジーの活動に賛同し，定例会や各種イベントに積極的に活動に参加できる方。
　定例会は，月に1回程度，調布市内で行っています。
　マルチメディアデイジー教科書などの製作活動に参加していただける方は，基本的なパソコンのスキルが必要です。製作用ソフトは，調布デイジーで用意します。
　製作作業はご自宅のPCで行うことになります。
■賛助会員について
　調布デイジーの活動に賛同し，各種のイベント活動にご支援していただける方。
　製作活動などにはかかわらないけれど応援していただける方。
※年会費　1,000円　毎年4月納入。途中入会も同額でお願いしています。
　入会のお申し込みやお問い合わせは，E-mailでお願いいたします。
　E-Mail：chofudaisy@gmail.com
■寄付のお願い
　調布デイジーの活動維持のため寄付をお願いいたします。
■寄付受付口座
　三井住友銀行　調布駅前支店　普通1103935
　チョウフデイジーダイヒョウマキノアヤ
■調布デイジーメンバー

牧野　綾，河村　宏，滝沢　洋子，渋沢　三栄子，牧尾　麻邑，木全　知帆，
牧野　敏博，桑野　和行，丸市　剛，沼田　元

■編者紹介

牧野　綾（まきの　あや）

自身の子育ての中でディスレクシアという障害を知る。
支援のしかたを模索している中で調布デイジーの発足時のメンバーとして活動。以来調布デイジーの代表を務める。
調布市立図書館の嘱託員として勤務。
日本図書館協会障害者サービス委員会委員。

JLA Booklet no.2

読みたいのに読めない君へ，届けマルチメディア DAISY

2018年　9月30日　初版第1刷発行
2019年　11月20日　初版第2刷発行
定価：本体 1,000 円（税別）

編者：牧野綾
本文イラスト：高井陽
表紙デザイン：笠井亞子
発行者：公益社団法人　日本図書館協会
　　　　〒104-0033　東京都中央区新川 1-11-14
　　　　Tel 03-3523-0811 ㈹　Fax 03-3523-0841　www.jla.or.jp
印刷・製本：㈱丸井工文社

JLA201915　　ISBN978-4-8204-1809-2　　　　　　　Printed in Japan
　　　　　　　本文用紙は中性紙を使用しています